Zona Tórrida

45

*GISELA KOZAK ROVERO*

# REBELION EN EL CARIBE HISPANICO:

## URBES E HISTORIAS MAS ALLA DEL BOOM Y LA POSTMODERNIDAD

Ediciones La Casa de Bello

Colección Zona Tórrida

Letras Universitarias

LA CASA DE BELLO
Mercedes a Luneta
Caracas 1010

ISBN: 980-214-099-6

Impreso en Caracas (Venezuela)
en los Talleres de Anauco Ediciones, C. A.

# DESCUBRIENDO UN RINCON DEL VASTO MAR DE LOS SARGAZOS: PRECISIONES E IMPRECISIONES DE UN ¿INUTIL? Y PLACENTERO EJERCICIO

Meditaba hace poco acerca de unas frases de Ilán Stavans, distinguido enemigo de la ciudad de Caracas, plenas de un espíritu respetuoso de la tradición y de los tópicos, siempre presentes, en ese particular ejercicio de la ficción-testimonio que son las entrevistas a escritores. Stavans nos "sorprendió" afirmando que los críticos son unos envidiosos. Ciertamente es así. No obstante, creo que el escritor mexicano fue, si no injusto, por lo menos poco perceptivo respecto a los puntos de partida y objetivos que alientan a la ficción crítica actual. No me refiero, valga esta aclaratoria, a las reseñas que se nutren de —merecidos, inmerecidos, viscerales o distanciados— rechazos o admiraciones, respecto a obras de distintos géneros. De todos modos, contemplo como egoísta no permitir este ejercicio periodístico. Es un consuelo imaginar que la ficción tiene oyentes atentos, inteligentes y llenos de pasión por la cultura. Mas, volviendo al tema que abre estas reflexiones, es evidente que juicios tan lapidarios juzgan a la crítica desde una perspectiva demasiado racionalista, concediéndole unas pretensiones de verdad que si, en rigor, algunas veces le corresponden, es sólo parcialmente, y, como diría cierto francés justamente cuestionado, sólo le pertenecen en el entendido de que, en la mayoría de los casos, aceptamos cierta red de relaciones, determinados juegos teóricos o un método de abordaje, casi como una convención que, al menos, puede llevarnos a un espacio de relativo entendimiento. (Aunque estas ideas están de moda respecto a otras disciplinas, como la historia y la antropología, al confrontarlas con la crítica literaria la sensación es abrumadora. Decir que el discurso histórico también es una ficción, pase; pero llegar al colmo de hacer ficción de una ficción recuerda a la ciudad de Lupata, en *Los viajes de Gulliver,* de Swift, donde algunos científicos se recreaban en buscar una especie de oveja que no diese lana).

Pero, hablando de convenciones y convencionalismos, no es mi intención caer en las trampas del sin sentido, adelantadas por algunas versiones del postmodernismo. Entenderse con los demás es necesario para vivir, y siempre será así aunque no lancemos verdades aplastantes, capaces de silenciar a contendores geniales o fastidiosos. Mi objetivo, es, simplemente, aclarar que el proceso de selección teórica, el abordaje metodológico y el despliegue de la escritura crítica son experiencias en las que la imaginación, la duda, la solución de compromiso, la verosimilitud —que no veracidad— de una perspectiva teórica, la selección, el recorte y el montaje, la reescritura y la estructura, la intertextualidad, el plagio y el saqueo cultural, están presentes. La praxis crítica, como tantas otras actividades, está llena de deseos y fantasías de variado tipo, por ejemplo...

## ¡QUE BIEN INFORMADO ESTOY!

Afirmación que, en el caso concreto de los venezolanos, toma el sesgo de una impostura, pues estar ligeramente informado no es tan difícil, pero disfrutar de ese raro privilegio de participar en las tempestades de la moda... ni que fuésemos neoyorquinos o viviésemos en París. Cabría preguntarse en todo caso si las modas teóricas y las reflexiones críticas, recién salidas de la computadora, no traen más ceguera que otra cosa. Probablemente para algunos, lo mejor es esperar o no prestarles atención. Mas, ciertamente, esta última actitud, por legítima que sea no es menos descortés, pues evidencia un espíritu inclinado a la soberbia y el desinterés por el prójimo. Ah, porque, y eso hay que dejarlo muy bien definido, así como la intertextualidad alimenta tanta narración esplendorosa, alimenta igualmente a la ficción crítica. Un honesto espíritu de sociabilidad debe distinguir al crítico tanto como al poeta o narrador. No en balde, los que estamos cerca de la literatura somos personas chismosas, a quienes nos gusta comentar y escribir sobre los demás. No sería justo que en un trabajo crítico no se hiciese mención a las enjundiosas reflexiones de otros colegas, puesto que oír la misma historia en diversas bocas, no tiene mayor encanto. Hay que sintetizar, ampliar, asimilar la información existente, para no caer en el mal gusto de repetirse y para tener, además, la siempre regocijante sensación de enmendarle la plana a los otros, siempre menos inteligentes que uno. Eso sí, no tenemos la ventaja de los narradores, que pueden saquear impunemente sin dar referencias; no señor, hay que citar, sobre todo si los críticos mencionados no están muertos o tienen muchos conocidos. Y a propósito de la inteligencia, otra de las ficciones críticas es...

## LA TERMINOLOGIA ADECUADA

En realidad, no hay terminología adecuada, si por tal entendemos una que responda a su objeto y lo defina, si no por la eternidad por lo menos para tranquilizarnos los próximos cinco años. Supongo que lo único que existe son terminologías convenientes, que nos ayudan a entendernos y facilitan la comunicación. En ese sabroso ejercicio de negación-afirmación que nos regalan unos cuantos críticos, resaltan los innumerables saludos a la bandera que vociferan —o murmuran— acerca de la imposibilidad de delimitar las significaciones de un término que, por demás, los que protestan, y el resto de la gente, utilizan permanentemente y con la mayor impunidad. Los críticos caen en el punto medio, en la solución de compromiso; eso sí, negando tal actitud dado su carácter avieso y falaz (o hasta anticientífico...). "Este término significa esto, pero no aquello, y, por supuesto, también se relaciona... etc.". Creo, respecto a tan inacabables reflexiones, que si en resumidas cuentas nos estamos entendiendo, ¿cuál es el problema? Cada quien diga lo que piensa y viva la democracia, ¿cierto? Esta situación de inseguridad emocional-terminológica, la viví en carne propia durante el proceso de escritura de este trabajo, al momento de utilizar términos como "postmodernidad", "postboom" y "cultura popular". Me contenté con darles la significación que más me convenía, entre las tantas existentes, y espero tener la oportunidad de discutirlas con alguien que no comparta mi posición. Ciertamente, para discutir una terminología hay que ejercer la sociabilidad. Hay gente que escribe desde poses tan ermitañas. Para colmo, suelen desear la inalcanzable quimera del acuerdo general y sueñan con proferir la última palabra sobre alguna fundamental cuestión... Hablando de acuerdos, si algo está en contra de tan consoladora palabra son los...

## DESACUERDOS TEORICO-METODOLOGICOS

Nada más desalentador, para una mujer crecida en una atmósfera de indiscutible modernidad, que sentir un repentino desinfle en su sentido de la originalidad y la innovación. Descubrir que lo que parecía una audaz combinación de perspectivas teóricas no es más que un "pastiche", probablemente indigesto, entre Foucault, Gerard Genette, Kristeva, García Canclini y otros nombres más o menos cristianos, que, entre otros defectos, no son precisamente la última moda... Claro que no fue un repentino ataque de lucidez el motivo de una, por lo visto, muy obvia conclusión. Françoise Perus, en un artículo de los tantos que leí para escribir este trabajo, afirma que tal actitud es prácticamente una epidemia entre los estudiantes de postgrado. Por lo menos no me sentí tan sola. Sin embargo —error de muchos o mío—, mi humilde finta teórica había sido descalificada por gente de... tanta autoridad como La Perus o El Carlos Rincón. Ya no era una propuesta veraz, sólida, metodológicamente adecuada a su objeto... No, era una simple demostración de que siempre estamos atentos a las hazañas metacríticas propias de aquello que, en pretéritos tiempos, se llamó el "polo hegemónico". Desconsolador, ¿no? Era evidente que el camino a tomar era el de la verosimilitud —justamente cuestionada por Luis Rafael Sánchez en *La importancia de llamarse Daniel Santos*—, y no la veracidad, la seguridad y rigor teóricos indiscutidos. Y he aquí una solución de compromiso; buscar las salidas más convenientes para el desarrollo mismo del trabajo, para hacer verosímil al lector un rompecabezas donde no debían verse las junturas. Ejercitar la coherencia, no dejar, aparentemente, cabos sueltos, asimilar el intertexto y que cada término y cada teoría tuviesen funcionalidad. Porque así como el adjetivo si no da vida, mata, la teoría si no permite un ejercicio de relación e imaginación, aburre. Solución de compromiso, repito; mi finta teórica tiene un justificativo: los problemas que me interesa destacar. Entonces:

—Foucault es un buen tónico contra esa manía contextual, inclinada a privilegiar el complicado juego socio-político frente al espacio de interdiscursividad e interrelación cultural, espacio, por otra parte, capaz de subsumir los más diversos ámbitos del vivir colectivo, incluyendo el político y social. En literaturas como la puertorriqueña y la dominicana —mi pretexto para preguntarme cosas acerca de la crisis de la siempre difícil de definir modernidad nuestra—, estos aspectos son un punto imposible de obviar. ¿Qué hacer? Si mi trabajo es literario y cultural, me interesan, más que los hechos, lo que se dice y se crea a partir de ellos, en su contra, o hasta independientemente. ¿Cuál es la situación de los creadores y teóricos? ¿Favorable o desfavorable para su labor? ¿Coincide la literatura con preocupaciones de otros *discursos*, para utilizar una terminología en boga? ¿Conceptos tan conflictivos como el de "cultura nacional" son capaces de definir el juego literario en cuanto a elecciones, orientaciones, escritura? ¿En qué sentido el "post-boom" —otro término etéreo— se ha introducido en y espejeado con obras como *La importancia de llamarse Daniel Santos,* de Luis Rafael Sánchez, *Sobre tumbas y héroes,* de Ana Lydia Vega, —ambas puertorriqueñas—, *Sólo cenizas hallarás (bolero)*, de Pedro Vergés y *Curriculum (el síndrome de la visa)*, de Efraim Castillo, ambas dominicanas? ¿Por casualidad estas novelas tendrán que ver con las múltiples respuestas/propuestas que definen, para George Yúdice, la postmodernidad? ¿Qué implican para las literaturas en que se articulan?

Es evidente que intentar satisfacer interrogantes como éstas traía aparejada la obligación de ejercitar la imaginación y la capacidad analógica. La imaginación porque, metodológicamente, partimos de hipótesis o, más simplemente, de curiosidades personales: ¿por qué los puertorriqueños producen tanto y los dominicanos tan poco? ¿Por qué los primeros constituyen —utilizando palabras ya en desuso— una vanguardia, y los segundos una muy débil retaguardia? ¿Serán verdad esas grandes abstracciones, como "literatura hispanoamericana", "caribeña", y, en nuestro caso específico, "literatura del Caribe hispánico"? Mas la imaginación debía asirse a ciertos elementos, por simple cuestión de estructura del trabajo; de aquí que escogí las cuatro obras mencionadas y, jugando a analogías muy simples, me incliné por la historia y lo popular, puesto que en ambas literaturas tienen indudable relevancia, pero: ¿por qué el universo cultural popular y la historia son inquietudes comunes, pero tan diversamente tratadas en ambas literaturas? Y, antes de comenzar a trabajar: ¿Por qué escoger estos textos y no otros? De nuevo las analogías. Una de mis preocupaciones actuales es la narrativa de los últimos tiempos. En la misma, es notable el espacio concedido a la historia, el folletín, la novela rosa, registros propios del cine y la televisión, el bolero, pero estoy consciente de que tal gama de intereses se ha retorizado, y constituye una moda, con magníficos frutos, pero que ya comienza a dar paso a otras manifestaciones.

En vista de esta situación, me di rápidamente el gusto de trabajar en estos fenómenos que me interesan, antes de que pasen al olvido. Las narraciones que seleccioné comparten este ámbito, aunque lo asimilen de distinta manera y con diversas propuestas escriturales. Ahora bien, ¿por qué este interés en la historia y en formas despectivamente ubicadas en la "cultura de masas" (otra impropiedad)? Se supone, según ciertos postmodernos, que la historia se acabó, ¿será que, para variar y como buenos latinoamericanos, estamos atrasados con respecto a tan crepuscular final, y por eso la historia nos continúa interesando? En cuanto a las formas populares, ¿estarán enmarcadas en un cambio en la noción de literatura? ¿Dicho cambio tendrá algo que ver con una crisis cultural global, atribuible a la indefinible postmodernidad?

Hablando de recientes estrategias literarias y del impacto de esta nueva noción de literatura en las obras estudiadas, un aspecto fundamental en este sentido es el de la intertextualidad. Gerard Genette me permitió contemplar este fenómeno y vislumbrar hasta qué punto es más importante la interrelación con un mundo cultural vasto y múltiple, que la originalidad. Kristeva, por su parte, se constituyó en una guía efectiva en lo referente a la hibridación, entendida como manifestación de un universo cultural en estado de crisis, donde las líneas de autoridad y validación estética han sufrido quiebres importantes. La parodia y la hibridación asumen la cultura como universo proteico, simultáneo, más que como línea, sucesión, superación. La producción artística se define frente a nuevas exigencias y realidades —los medios de comunicación, por ejemplo—; y, de hecho, la "noción" de lo literario ha cambiado sustancialmente en los últimos tiempos, pues se legitima una producción como literaria desde distintos polos e instancias. Por otra parte, la originalidad es cuestionada, planteándose la creación de un espacio interdiscursivo e intertextual, que apuesta por la comunicabilidad —en muchos casos—, y se niega a asumir el texto como ente definitivamente autónomo y diferenciado.

La apertura a las relaciones intertextuales e interdiscursivas es un aspecto a destacar. Campea la impostura: Sánchez teoriza, Vega escribe folletines de caballería, Vergés hace subliteratura, Castillo se entretiene con discursos políticos... Pero sus textos no son teoría, subliteratura o panfleto. Puede quedar, eso sí, una sana duda al respecto. Estas estructuras se corresponden entonces con preocupaciones generales que evidencian mixtura, confusión, contradicción, falta de límites. De la América mítica a la de los comunes y corrientes. De la revolución a la disidencia. Se impone el saqueo, como en toda crisis y guerra, y la cultura ahora es un estante de supermercado y, a la vez, de biblioteca. Se discuten problemas nacionales, pero también se teoriza sobre la modernidad desde el Viejo San Juan, con tanta propiedad como podría hacerlo un investigador en Manhattan. Para Luis Rafael Sánchez, el quiebre de ciertas instancias de racionalidad y autoridad es una problemática tan cercana como para un londinense. Los escritores son capaces de discutir fenómenos que trascienden el ámbito de lo concreto y posible. ¿Entonces, cuál es el problema? No se trata de un "hago lo que da la gana"; se trata de una convivencia de cosas que tiene una finalidad: dar cuenta de la crisis nacional y de la constitución de voces disidentes. Rebeldía que se manifiesta en un irrespeto a los reverenciados límites entre discursos: ¿por qué un discurso político en una novela lleva indefectiblemente al panfleto? ¿Por qué la teoría es propiedad de académicos y no de escritores? ¿Quién comprueba que un folletín de caballería no es posible hoy en día? ¿Por qué los medios de comunicación conducen indefectiblemente a la universalización y homogeneización cultural, si es posible notar la recepción tan diversa que pueden tener en distintos ámbitos?

García Canclini visualiza la cultura popular como entidad contradictoria, donde confluyen múltiples visiones, discursos y formas de participación. Los medios de comunicación y la llamada "subliteratura" forman parte de este universo en permanente movimiento; de aquí que la concepción de este investigador nos permitió entender los modos tan distintos que tienen las novelas de interpretar y enfocar lo cultural popular.

La historia delimita un conjunto de hechos, aceptados como ciertos por un colectivo. Mas el conocimiento de estos hechos, a menos que seamos testigos, no es por vía de observación directa, sino por la intermediación de un discurso. El discurso histórico fundamenta su valor en el solemne criterio de la "verdad"; la ficción afortunadamente no se deja convencer por tan tentadora debilidad. Pero la relación entre ellas ha sido espléndida a pesar de la mutua desconfianza. Como dice Walter Mignolo, temas, tropos, rasgos genéricos se han desplazado de una esfera a otra, sin que los límites se definan con la claridad que algunos desearían. Me atrajo de la explorada y explotada conexión literatura-historia, precisamente esta falta de límites y el robo de formas y estrategias comunicativas que implica. Epica, análisis, comentario se integran en un discurso subversor de la racionalidad impositiva de las ciencias sociales, que nos propone otra mirada sobre la realidad.

Lejos de mí plantear esta plataforma como la mejor o más adecuada. No estoy manejando grandes novedades, y creo que me interesó más la labor de rompecabezas por armar que la invencibilidad teórica. Pero no debe caerse en extremos. Ciertamente creo que hay teorías más verosímiles y coherentes que otras. Lo más saludable, eso sí, es no tomárselas muy a pecho, actitud alimentada por las modas mismas, que se suceden y superponen. En este sentido, es grato contar con una que otra información de última hora, lo cual tiene el estimulante encanto de despojar a la crítica de su solemnidad y de su pose autoritaria. Al fin y al cabo, las grandes teorías tienen mucho de auto de fe; quién iba a pensar que la académica Kristeva renegaría de la misma semiótica que hoy, en provechosa y algo aburrida, lectura, tomamos en consideración de vez en cuando. Pero, y aquí recordaremos el coqueteo entre la crítica y la ficción, la primera —al igual que la segunda— se prolonga más allá de sus autores; no importa el autor-persona y sus más o menos variables opiniones, interesa la obra, la voluntad constructivo-teórica (teórica en este caso) que constituye al texto. Además, estos cambios en el panorama de los estudios literarios poseen un particularísimo interés: así como la obra debe ser abierta —si es buena—, la crítica se burla de sí misma, pues aunque pretenda la univocidad terminológica y conceptual, jamás la consigue; es decir, la crítica es un texto igualmente abierto.

### LA CRITICA NO ES LITERATURA, QUE IMPORTA LA ESCRITURA

Luego de justificar mi selección, me pregunté: ¿por qué establezco relaciones entre tantas cosas? ¿No estaré exagerando? ¿O cayendo en la ficción del Gran Análisis? Me decidí por esta última posibilidad, ¿acaso tejer una "vasta red" no ha sido sueño de muchos novelistas? ¿Por qué la crítica no puede hacerlo? Es parte de un legítimo interés por el mundo que nos rodea; por tal motivo jamás haría un análisis exclusivamente textual, al estilo de la prehistoria estructuralista. Prefiero los espejos y los laberintos que las estructuras sólidas y aburridas de cierto tipo de acercamiento. Además, pecan de ilegibilidad. En este sentido, puede ser más divertido un breve ensayo donde se nos comunique una muy personal lectura de alguien que se ve el ombligo; eso sí, siempre que tal ensayo esté espléndidamente escrito, lo cual no es frecuente.

El ejercicio imaginativo de relacionar, trae aparejado un problema formal difícil y de complicada resolución: la estructura. Cómo establecer un amplio y múltiple diálogo y no una red de monólogos, encadenados, si acaso, por un título. Estaban, por un lado, mis preocupaciones: la crisis, la modernidad, la cultura de la calle, el escepticismo; por otro, los textos. Pero ¿realmente existía un límite tan claramente establecido? Creo que esas precoupaciones tomaron cuerpo a través de la lectura de Vega, Sánchez, Vergés, Castillo y otros más. Esto, sin duda, constituía el punto de partida para el diálogo. No aseguro haberlo logrado completamente, pero creo que pude sortear, en parte, el riesgo de un latoso y escolar contexto del que colgasen los acercamientos a los textos. Hubiese deseado que este trabajo tuviese una forma mucho más ensayística, pero no pude deslastrarlo completamente de su origen: tesis de maestría. Me gustaría en el futuro lograr una forma que obviase los capítulos —o por lo menos la división por temas—, y que fuera capaz de expresar una red de comunicación donde los textos tuviesen permanentemente un rol protagónico. Ya se verá; también la crítica lucha con la escritura y la mía, como la de cualquier otro, está en transición, lo cual es un derecho.

Tan derecho como el de jugar a ejercicios retóricos. Si hay gente que no tiene el menor empacho en usar palabras tan horrorosas como "isotopía", uno tiene el campo libre para utilizar términos taurinos, como "faena", marinerismos como "abordaje", giros propios de la esgrima, como "finta" y neologismos inciertos como "espejeo". A estas licencias pueden agregarse otras, como es el deber de defender el gusto por unos textos en detrimento de otros, lo cual, sin duda, influirá en la calidad del análisis y en su escritura. No todos los cuentos de un libro tienen que ser idénticos. La respuesta obvia a esta cuestión, sería trabajar exclusivamente textos que nos gusten mucho. Como buena chismosa me gustan las problemáticas, aunque los protagonistas no sean tan interesantes.

Si algo es aterrador es convertirse en un ladrillo. Tal vez este trabajo lo sea, pero por lo menos queda esta humilde afirmación. Tantos y tan famosos críticos han caído en tales durezas; el tiempo los ha castigado con el polvo de los anaqueles, destino habitual de la crítica, pero que, en estos casos, es especialmente merecido. La crítica no le interesa ni siquiera a los escritores, muchos de los cuales la odian y/o desconocen. Esta situación debería preocupar, mas no es así, en muchos casos. Los hermeneutas no sólo dan la espalda a esta realidad, sino que ni siquiera les preocupa que nadie los lea, más allá de un puñado de especialistas, de pluma seguramente hostil. Creo que esta situación es difícil de superar, pero no imposible. En el entendido de que la crítica y el ensayo sobre cuestiones culturales, son para un público reducido, puede ampliarse el radio de interlocutores a través de la escritura y de la capacidad de establecer una red comunicacional que interese a los no especialistas en literatura. Claro, hay que tener cuidado con esto porque se cae en el riesgo de alimentar la fantasía más delirante. . .

## LA FUNCIONALIDAD DE LA CRITICA

Una última pregunta. Si a nadie le interesa la crítica y es un tipo de ficción que pierde todo el terreno frente a la narrativa, por ejemplo, ¿para qué continuar adelante en tan inútiles ejercicios?

En primer lugar, siempre existirán críticos. Los creadores no pueden exigir que su obra no tenga eco por escrito; es parte de la propia mecánica cultural. Por otra parte, pienso que los críticos son algo así como una minoría étnica. Estudiar letras es síntoma de una irredenta actitud de minoría frente a la vida. Pero, por tal razón, es necesario salvaguardar este rinconcito de diálogo o monólogo. Si tanta gente defiende abiertamente el espacio de culturas minoritarias, no veo por qué no defender a la crítica literaria, en el entendido de que sus ejecutores son una especie en extinción, en especial, aquellos que se desenvuelven en las universidades e institutos de investigación. Además, la gratuidad no es ningún pecado. Tiene razón el poeta Rafael Cadenas, en *Realidad y literatura,* cuando toma partido por la preservación de cierta índole de muy creadores y gratificantes actos, plenos de las más indiscutible y absoluta inutilidad. La crítica, sin duda, es uno de ellos.

Mayo/1992.

# I

# ENTRE TRADICIONES Y PRESENTES UN PREFIJO INQUIETANTE: "POST" ("BOOM" Y MODERNIDAD)

## INQUIETUDES MAS ALLA DE LOS PREFIJOS

Historia y cultura popular; cultura popular e industria cultural. Escoger los hilos conductores de estas reflexiones costó relativamente poco esfuerzo, si entrevemos la medular presencia de estas instancias en el acontecer social de estos lares. Más intelectual y solemne uno, más evidentes y cotidianos los otros, todos se han articulado a la literatura y se han impuesto en razón de su presencia avasallante. Aquellos que hablan de la muerte de la historia teologizan, entre otros endiosables, sobre los medios de comunicación, como fruto y como uno de los lenguajes universales de la razón técnica, capaz de erigir una muralla de sonidos, imágenes e intermediaciones diversas entre el sujeto y las cosas.[1] La muerte de la historia y la universalización de formas de percibir, transmitir e interpretar la información —con la consiguiente homogeneización de las diferencias y particularidades locales— están hermanadas, según las arrogancias de ciertos postmodernos de vuelta a todo.

Sucede que tan tajantes definiciones suelen ser corregidas o abiertamente burladas o reformuladas al encararse con realidades menos cercanas al cenáculo que al acontecer nacional e internacional. Las mismas polémicos entre postmodernos convalidan esta afirmación. Lyotard postula que dadas las permanentes intermediaciones entre el sujeto y los hechos, la posibilidad de establecer lo real es prácticamente imposible, lo

1 "El laberinto de los inmateriales" (entrevista a J. F. Lyotard), en *Quimera,* N° 46-47, p. 24.

cual trae como consecuencia inmediata que el mundo no puede organizarse de acuerdo a un código definitivo y universal, deduciéndose de ello que la comprensión y percepción del entorno debe contemplar una enorme cantidad de códigos diversos en permanente cambio.[2] Esta hipótesis acepta la presencia de múltiples polaridades y percepciones que pasan, precisamente, por esos determinismos locales y por la explosión de las voces marginales:

> Entre los muchos y contradictorios rasgos atribuidos a la postmodernidad está el de las "múltiples respuestas/propuestas" a partir de condicionamientos —*mediatizados*— a base de factores de etnia, religión, géneros sexual, identidad geopolítica, etc. La "condición postmoderna" revela la inviabilidad de sostener teorías totalizadoras acerca de la praxis humana. De ahí, pues, que no se pueda hablar de *una* modernidad (Habermas) ni de *una* lógica (Jameson) o condición (Lyotard) postmoderna.[3]

En este contexto de respuestas múltiples frente a la transnacionalización capitalista y la crisis global de los proyectos alternativos para América Latina, se enmarca, a nuestro juicio, las actuales praxis literarias dominicana y puertorriqueña, en su particular asimilación de la cultura de masas y en su ejercicio de indagación histórica. Así, más que funerales a la historia y universalización aplastante, puede observarse en estas prácticas discursivas —sin optimismos acerca del futuro ni aleluyas a posibles vientos democratizadores o brillantes propuestas de resistencia cultural—, una voluntad de diferenciación que nace del ejercicio intelectual en el marco de naciones y grupos sociales que viven las contradicciones y problemáticas de las difíciles modernidades latinoamericanas.

Como afirma Antonio Skármeta en relación a Hispanoamérica, los escritores nacidos en la década del cuarenta son los primeros en recibir el impacto de los medios de comunicación en el sentido más amplio del término: cine, teléfono, industria acústica, universalización de la noticia por medio de la televisión y expansión explosiva de la radiodifusión y la publicidad. El baile, el deporte, la música y las modas tienen un impacto y

---

2 *Ibid.*

3 George Yúdice. "¿Puede hablarse de postmodernidad en América Latina?", en *Revista de Crítica Literaria Latinoamericana,* Lima, Nº 29, año XV, 1er. semestre de 1989, p. 106.

preeminencia enormes, dada su universalización entre la juventud de diversos sectores sociales y distintos continentes.[4] Golpe duro a las tesis de la Escuela de Frankfurt: la "alta" literatura no tiene remilgos respecto a la industria cultural simplemente porque los creadores han crecido con ella. Las diferencias entre "alta" y "baja" cultura, la rigidez de las estratificaciones sociales y sus patrones de creación y consumo cultural ceden frente a la mezcla de lo culto y de lo popular propia de los medios. La separación entre cultura de masas y cultura popular, entendida como autóctona y de manufactura artesanal o de transmisión oral, pierde sentido ante el hecho de que ya la segunda no puede definirse por el origen y por las formas de producción de los bienes culturales, sino más bien por su uso y difusión.[5] La televisión se convierte en un torbellino donde giran el ballet clásico, Oscar D'León, el folklore, Shakespeare y la telenovela. Sin negar sus poderes alienantes, hay que reconocer el poder de penetración de estos medios y la cierta —aunque mediatizada— democratización cultural que imponen.[6] Esa verticalidad que atraviesa las capas sociales por medio de un Daniel Santos, por ejemplo, y que indica una nueva correlación cultural expresada en la particular asimilación regional del impacto de la comunicación contemporánea. Este aspecto es fundamental al responder a las apocalípticas, recordando a Umberto Eco, afirmaciones de los hijos o hijastros de Teodoro Adorno. Veamos la opinión de García Canclini:

> Las tradiciones de producción y circulación de bienes simbólicos que agrupamos bajo los membretes de culto y popular son procesos dinámicos que tienden a convertirse en dimensiones internas de una cultura visual, literaria, y musical generalizada. Esta cultura se unifica por la homogeneización industrial y masiva del mercado simbólico, pero la tendencia a la uniformidad coexiste con las diversas identidades en que se reconocen los sujetos sociales, se apropian de lenguajes heteróclitos, siguen manifestando sus códigos de representación y sus estilos narrativos. En las sociedades contemporáneas la cultura se forma interdiscursivamente a partir de textos o sistemas de imágenes tradicionales y modernos. La hete-

---

4 Antonio Skármeta. "Perspectiva de los 'novísimos' ", en *Hispamérica,* Gaithersburg, Nº 28, Año X, abril 1981, pp. 49-54.

5 Néstor García Canclini. "El debate postmoderno en Iberoamérica", en *Cuadernos Hispanoamericanos,* Madrid, Nº 463, enero 1989, p. 82.

6 *Ibid.*

rogeneidad es una necesidad constitutiva de la cultura actual que aspira a poseer una hegemonía extensa.[7]

Esta mezcla, opina el mismo autor, marca a la postmodernidad no como estilo artístico o literario sino como simultaneidad de estéticas.[8] Nuestra percepción del ya manoseado fenómeno postmoderno entronca esta propuesta, ejercitando el derecho a practicar reinterpretaciones con todo lo aburridas que puedan ser, de la multiplicidad de estéticas con la multiplicidad de respuestas/propuestas en el contexto de la crisis latinoamericana actual. No se trata simplemente de la moda del "todo vale", mixtura de códigos y tradiciones locales y regionales[9] que se ejercita como distanciamiento de la modernidad —desde la perspectiva de una modernidad única e indivisible y paradójicamente con una pose de superación muy de la vanguardia—; se trata, en el caso de las literaturas que nos ocupan, de una nueva relación con la tradición literaria y cultural que abre espacios a muy amplios registros desde la perspectiva de un cambio en la noción de lo literario.[10]

Desde este punto de vista podemos articular novelas como *Sólo cenizas hallarás (bolero)* (1984), de Pedro Vergés (República Dominicana), *La importancia de llamarse Daniel Santos* (1988), de Luis Rafael Sánchez (Puerto Rico), *Sobre tumbas y héroes* (1987), de Ana Lydia Vega (Puerto Rico), y *Curriculum (el síndrome de la visa)* (1982), de Efraim Castillo (República Dominicana), a un ámbito cultural y de polémica intelectual que ha sido diversamente captado por los textos y por las producciones narrativas nacionales en que se insertan.[11] *Sólo cenizas hallarás (bolero)*, al igual que *Sobre tumbas y héroes* intentan abrirse a posibilidades expresivas que no son una simple transgresión de tradiciones culturales o de alternativas estéticas anquilosadas de la industria cultural, lo cual se ubicaría en el

7 *Ibid.*, p. 86.
8 *Ibid.*, p. 87.
9 Andreas Huyssen. "Guía del postmodernismo", en Nicolás Casullo (comp. y pról.). *El debate modernidad-postmodernidad.* Buenos Aires, Punto Sur, 1989, p. 276.
10 Véase el artículo de Carlos Rincón. "Sobre la transformación del campo, de la crítica y la didáctica: la llamada subliteratura", en *El cambio actual de la noción de literatura y otros estudios de teoría y crítica latinoamericana.* Bogotá, Instituto Colombiano de Cultura, Biblioteca Colombiana de Cultura, 1978, pp. 161-193.
11 Véase George Yúdice. *Ob. cit.*, p. 106.

ejercicio de ruptura propio de las vanguardias. Se produce una recuperación por suplementación,[12] es decir, por una apertura de lo establecido a lo excluido: novela rosa, folletín de aventuras, el bolero, a través de procedimientos que privilegian no sólo la crítica o distanciamiento burlesco de los géneros populares sino que también implican una redimensión estilística, y en palabras de George Yúdice, un endoso. Ciertamente, mientras en el texto de Vergés se plantea la duda acerca de la calidad expresiva de esos recursos, en el relato de Vega hay una adscripción donde la mixtura estilística se sostiene en base a las finalidades del proyecto narrativo del texto. La producción cultural industrial es percibida así de dos formas distintas: una que la utiliza para facilitar un acercamiento a un número de lectores más amplio, pero que la cuestiona desde el plano estético y, a través de las disquisiciones históricas del texto, desde el ángulo ideológico, y otra que asume su capacidad expresiva en una nueva correlación cultural.

*Curriculum (el síndrome de la visa)* se sirve del montaje cinematográfico y de la publicidad como pivotes de una indagación sobre República Dominicana, marcada precisamente por la historia y por el poder de los medios de comunicación. La percepción de la industria cultural pasa entonces por su asimilación estética, por su crítica como instrumento de dominación y por la asunción de su flagrante intervención en las relaciones cotidianas e intersubjetivas. *La importancia de llamarse Daniel Santos* asume este último punto y se erige como reflexión sobre esa particular regionalización de la cultura de masas, capaz de crear un espacio común en una Hispanoamérica hambrienta y dividida. En primera instancia es evidente que las rígidas diferenciaciones entre alta y baja cultura han perdido sus antiguos y seguros privilegios. Las estrategias textuales y las problemáticas obedecen a nuevos impulsos y orientaciones que, por demás, responden al impacto de estéticas de los sesenta como el pop y el camp,[13] que vociferaban en pro de la caída de las estratificaciones culturales; pero son irreductibles a tales influencias pues responden a las propias necesidades literarias actuales. Lo que no debe olvidarse, en nuestro caso, es que los cuatro textos responden a problemáticas muy singulares, propias de

---

12 *Ibid.*, pp. 122-123.
13 Antonio Skármeta. *Ob. cit.*, p. 54.

sus aconteceres nacionales, lo cual borra toda posibilidad de homogeneización de esta producción narrativa en los términos de una incondicional inserción en el universo comunicacional internacional. Estas mismas problemáticas responden no sólo a las distintas consecuencias y respuestas sucedidas en el marco de la modernidad continental, en términos tanto de la pertenencia a la periferia de las modernidades canónicas norteamericana y europea como del particular desarrollo regional y nacional, sino que se conectan con variables culturales propias de cada región y país. El bolero es una manifestación genuinamente latinoamericana, cuyo carácter supranacional tamiza la influencia de los medios y recrea una posibilidad comunicacional novedosa. En *Sólo cenizas hallarás* (*bolero*) y en *La importancia de llamarse Daniel Santos* se asume esta posibilidad como posible descripción y explicación de una situación sociocultural compleja y contradictoria. El cine, la publicidad y el folletín no poseen ese cariz hondamente latinoamericano del bolero, pero se han convertido en parte de la cotidianidad urbana continental y, como tales, son pasibles de una transformación e interpretación estéticas en función de una indagación histórica nacional, tal como se efectúa en *Curriculum* (*el síndrome de la visa*) y en *Sobre tumbas y héroes*.

Toda esta problemática apunta a un fenómeno continental, ya aludido en otras páginas, como es el cambio de la noción de literatura. Carlos Rincón aduce que la literatura y su función se han modificado en el contexto de los medios de comunicación de masas.[14] Por ejemplo, las fotonovelas y telenovelas se dirigen a un público que no consume libros, la gran mayoría, y su peso es tal que no puede dejar de estudiárselas. Rincón, citando a García Márquez, héroe de la nunca definida literatura postmoderna,[15] plantea el surgimiento de una nueva actitud estética, en la que el medio —telenovela, fotonovela, etc.— no tiene por qué ser atribuido automáticamente a la esfera de dominación

---

14 Carlos Rincón. "Sobre la transformación del campo, de la crítica y la didáctica: la llamada subliteratura", en *ob. cit.*, p. 168.

15 Sobre la indefinible literatura postmoderna y la pertenencia de García Márquez a ella, véase: Carlos Rincón. "Modernidad periférica y el desafío de lo postmoderno: perspectivas del arte narrativo latinoamericano", en *Revista de Crítica Literaria Latinoamericana,* Lima, N° 29, año XV, 1er. semestre de 1989, pp. 61-104; y John Bart. "Literatura postmoderna", en *Quimera,* N° 46-47, pp. 15-21.

ideológica del sistema y al museo de las formas literarias abandonadas.[16] Se propone desde aquí una interrelación distinta entre la práctica literaria de élite y sus homólogas de la esfera popular, sobre la consideración básica de que la llamada subliteratura, literatura de masas, etcétera, se define por su particular relación con las expectativas del lector. Efectivamente, textos como *Sólo cenizas hallarás* (*bolero*) y *Sobre tumbas y héroes* intentan ampliar su horizonte de lectores con la asunción de prácticas escriturales pertenecientes a sistemas distintos [17] al literario "culto".

El caso de *La importancia de llamarse Daniel Santos* es especial por tratarse de una escritura que articula estas dos grandes influencias externas sufridas por la narrativa puertorriqueña y dominicana, como han sido el impacto de los medios de comunicación y la cultura popular urbana hispanoamericana y, especialmente, caribeña. Esta articulación se erige como reflexión acerca de cómo dicho impacto sufre una recreación a través del mito Daniel Santos. La industria del disco y la radiodifusión promueven un producto que termina por formar parte de una cotidianidad marcada por la historia de un machismo irredento. Otro factor se integraría a esta fabulación como es la polémica misma de la postmodernidad entendida desde sus connotaciones sobre la intelectualidad. Las voces marginales, la discusión de una modernidad donde la diferenciación entre los grandes discursos totalizadores y explicativos y la realidad misma tomó proporciones alarmantes,[18] el asumir que no hay una sino varias modernidades, son hilos conductores de un texto que revienta los géneros con el fin de encontrar una posibilidad de escritura e indagación distinta para la cultura. El quiebre genérico impone una reflexión sobre las instancias legitimadoras de lo literario, que se han hecho múltiples y proclives a respaldar muy distintas producciones [19] y patrones

---

16 Carlos Rincón. "Sobre la transformación del campo, de la crítica y la didáctica: la llamada subliteratura", en *ob. cit.*, p. 170.

17 Andrés Avellaneda. "Marcas ochentistas en la historiografía latinoamericana: un repaso de la cuestión", en *Revista de Crítica Literaria Latinoamericana,* Lima, Nº 33, año XVII, 1er. semestre de 1991, p. 70.

18 Nicolás Casullo. "Modernidad, biografía del ensueño y de la crisis", en Nicolás Casullo (comp. y pról.), *ob. cit.*, p. 62.

19 Hugo Achugar. "Literatura/literaturas y la nueva producción literaria latinoamericana", en *Revista de Crítica Literaria Latinoamericana,* Lima, Nº 29, año XV, 1er. semestre de 1989, p. 153.

estéticos. Los códigos populares y la escritura reflexiva y suplantadora del ámbito teórico —caso particular de Sánchez— entran en la producción discursiva a partir de un nuevo enfoque de lo propiamente literario que refleja una postura eminentemente pragmática, dado el reconocimiento de que dicha noción se debate en un ámbito socio-cultural cambiante, cuyo funcionamiento es contradictorio y no permite una acepción única respecto a qué es literatura y qué no lo es.[20]

Pero esta noción de lo literario se transforma a partir de los años setenta debido a realidades culturales y literarias muy diversas y supone dos discusiones que se interrelacionan entre sí y que conectan las cuatro novelas a tendencias internacionales concretas. La primera discusión se centraría en el carácter mismo de nuestra modernidad —proyectos sociales abortados, vivencia urbana, heterogeneidad de formas sociales, políticas y culturales— y explicaría tanto el interés en la historia como la aprehensión de la internacionalización de la comunicación; la segunda polémica ha devenido en praxis literaria y se ha constituido como variable predominante de la producción particularmente desde hace una década. Conocida como literatura de los ochenta, "postboom" o de los "novísimos" [21] —con típica indecisión e inseguridad terminológica—, la praxis literaria hispanoamericana ha sido, una vez más, agrupada en una tendencia que podríamos llamar "urbana" —para seguir con la adjetivación imprudente—, en términos de una nueva percepción del medio y de una ruptura con las connotaciones épicas y mesiánicas atribuidas al "boom".[22]

¿Qué modernidad se discute? Como dijimos en páginas precedentes, los conceptos y vivencias de la modernidad dependen del sujeto socio-cultural y de las condiciones en que desenvuelve su actividad. En la ardua polémica sobre la postmoder-

---

20 *Ibid.*, p. 154.

21 Véase en relación a la terminología utilizada: Julio Ortega. "La literatura latinoamericana en la década de los ochenta", en *Revista Iberoamericana*, Pittsburgh, Nº 110-111, vol. XLV, enero-junio 1980, pp. 161-165; Angel Rama. "Los contestatarios del poder", en Angel Rama. *La novela latinoamericana Panoramas* 1920-1980. Bogotá, Instituto Colombiano de Cultura, PROCULTURA, S. A., 1982. 455-494; Floyd Merrell. "La cifra laberíntica: más allá del 'boom' en México", en *Revista Iberoamericana*, Pittsburgh, Nº 150, vol. LVI, enero-marzo 1990, pp. 49-61.

22 Ronald Daus. "La literatura novísima de América Latina", en *ECO*, Bogotá, Nº 267, tomo XLIV/3, enero 1984, p. 308.

nidad latinoamericana y las definiciones sobre postmodernidad —que no pensamos resumir aquí pues otros lo han hecho con fortuna—,[23] se ha debatido si es posible hablar de semejante cosa en un continente donde conviven formaciones heterogéneas que desafían la modernidad en términos de racionalidad técnicas.[24] Si no hemos terminado de ser modernos, mucho menos podemos identificarnos como postmodernos. Así mismo se ha polemizado sobre la postmodernidad como estética —perspectiva perteneciente al mundo anglosajón—, como condición y como ruptura epistemológica —historia cumplida, nivelación por la tecnología, crisis del sujeto como centro de transformación, cuestionamiento a los metarrelatos de la modernidad amparados en la discursividad racionalista—,[25] y como una nueva correlación político-social y cultural multipolar frente a la transnacionalización capitalista, posición esbozada por nosotros en páginas anteriores. Nos interesa particularmente la captación de los intelectuales respecto a esta problemática. Para nuestro análisis más que la modernidad o postmodernidad entendida desde cualquier ángulo, nos interesa las respuestas literarias que suscita este debate. Entre paréntesis: si hemos afirmado que desde los setenta comienza a discutirse la modernidad no estamos negando la vieja y larguísima reflexión que sobre la misma se ha efectuado en el continente desde el siglo pasado. Lo que creemos que ha cambiado es la posición desde la cual se lleva a cabo dicha reflexión. No se trata ya de proyectos de modernidad que se intentan implantar sino de vivencias concretas de esa modernidad una vez implantada. Repetimos la pregunta: ¿a cuál modernidad nos referimos? Dice José Joaquín Brunner al respecto:

> La modernidad cultural no excluye, en consecuencia, sino que presupone, todas esas mezclas aparentemente contradictorias que resultan por doquier de la diferenciación de los medios de producción cultural, de la segmentación de los mercados de consumo cultural y de la irresistible expansión de la industria de bienes culturales y su internacionalización. El hecho de que en América Latina subsistan sectores de la población que se hallan fuera

---

23 Véase Carlos Rincón. "Modernidad periférica y el desafío de lo postmoderno...", en *ob. cit.*, y Andreas Huyssen, *ob. cit.*

24 Nicolás Casullo. *Ob. cit.*, p. 62.

25 *Ibid.*, p. 19.

de estos circuitos de producción y consumo simbólico, o que poseen matrices culturales heredadas que no fueron elaboradas durante el despliegue de la modernidad, nada dice respecto del modelo cultural predominantemente moderno que se ha impuesto definitivamente en las sociedades latinoamericanas.
Dicho modelo, en efecto, tiene menos que ver con la historia de las ideas pretendidamente modernas —incluso con la reforma religiosa, la crítica racionalista, el liberalismo democrático, o cualquier otro ideal emancipatorio, que son contenidos históricos que variablemente adquiere la modernidad europea— que con aquellos otros rasgos de racionalización, especialización, profesionalización y de reproducción cultural que caracterizan la evolución del campo cultural moderno. O sea, a sus instituciones, personal, tecnologías de producción, circuitos de transmisión y conformación de una específica cultura de masa.[26]

Compartiendo el criterio de Brunner respecto al campo cultural, queremos sin embargo aclarar que coincidimos con Aníbal Quijano en el sentido de que nuestra modernidad sí tiene mucho que ver con las definiciones políticas a las que el autor citado concede una importancia menor. En primer lugar, nosotros participamos de la construcción de la modernidad desde el mismo momento en que se produjo el choque intercultural entre ambos continentes hace cinco siglos. No sólo contribuimos económicamente —como ya se ha dicho hasta la saciedad—, sino que Latinoamérica ha privilegiado siempre el futuro ante la insatisfacción presente —sueño de la modernidad—, impulsó el nacionalismo cuando en Europa no se habían integrado aún las repúblicas actuales y asumió como suyos distintos proyectos modernizadores. La condición desventajosa de nuestra economía en el escenario mundial impuso el fracaso ante la avasallante razón técnica; en este sentido nuestra modernidad es contradictoria, inacabada, en razón de que la misma en nuestro continente asumió un carácter mucho más político que económico.[27] En *Curriculum (el síndrome de la visa)* se indaga sobre la historia como fatalidad en base a tan reiterados fracasos. No es casual que el personaje Alberto

---

26 José Joaquín Brunner. "Entonces, ¿existe o no la modernidad en América Latina?", en Fernando Calderón (comp.). *Imágenes desconocidas.* La modernidad en la encrucijada postmoderna. México, CLACSO (Consejo Latinoamericano de Ciencias Sociales), 1988, p. 97.

27 Aníbal Quijano. "Modernidad, identidad y utopía en América Latina", en Fernando Calderón (comp.) *ob. cit.,* p. 17.

Pérez se remonte siglos atrás al momento de dilucidar el presente trunco de República Dominicana. En los momentos actuales, la reflexión sobre la modernidad impone una pesquisa histórica, rasgo que se materializa tanto en los textos estudiados como en la tendencia predominante de la literatura hispanoamericana actual.

Cultura de masas y frustración histórica se erigen así en dos centros fundamentales al momento de discutir la modernidad y en cauces que marcan la praxis narrativa del "postboom". En este sentido, y recogiendo las ideas esbozadas por distintos autores, se han perfilado como rasgos generales de esta praxis literaria de los ochenta, del "postboom" y demás etcéteras las siguientes características: irrupción de la cultura urbana y su correspondiente retorización (canciones, publicidad, lenguaje audiovisual), la coloquialidad, la ausencia de ansias trascendentes y míticas, el universo juvenil de los sesenta, el intento de presentación más que de explicación del mundo, el desarrollo de "un proceso que se podría caracterizar como infrarreal en motivos y personajes, pop en actitud, y realista —lírico en su lenguaje"—,[28] la diseminación del punto de vista y el trasiego de géneros,[29] el interés en la intrahistoria, la rebelión contra el poder como instancia en la vida cotidiana, el dar voz a los marginados —culturales, sexuales, étnicos— la presencia de un público mayor ya preparado por el "boom", el impacto de los medios de comunicación en términos de nuevas búsquedas por vías realistas populares,[30] y la aceptación del "boom" no como paternidad literaria a derrumbar sino como referencia cultural válida pero insuficiente dentro de nuevas condiciones de vida.[31] Todos estos rasgos apuntan a una asunción de la modernidad como condición vivida —o mal vivida— desde la perspectiva de una cotidianidad urbana donde toda indagación histórica pasa por el tamiz del existir diario, de la conducta individual, y no por la criba de instancias míticas, arquetípicas, de temporalidad circular y alto vuelo filosófico y/o antropológico.

---

28 Antonio Skármeta. *Ob. cit.*, p. 58.

29 Hiber Conteris. "Formas heterogéneas en la nueva narrativa hispanoamericana", en *Texto Crítico,* Veracruz, Nº 39, año XIV, julio-diciembre 1988, p. 12.

30 Angel Rama. "Los contestatarios del poder", en *ob. cit.,* pp. 464-187.

31 Floyd Merrell. *Ob. cit.,* p. 53.

La escritura acepta la cita,[32] el testimonio,[33] el documento, pero su realismo no privilegia una referencialidad entrevista como verdad indiscutible,[34] sino una exploración del entorno en términos más de convivencia que de interpretación exhaustiva.[35]

Por supuesto, es evidente que las distintas posibilidades escriturales de las últimas décadas no se agotan en estos rasgos. Rama anota la existencia de varios cauces de la literatura novísima: la indagación histórica como explicación del presente (Abel Posse, Fernando del Paso, Marta Traba, Luis Britto García), la narrativa de sesgo testimonial e íntimo (Laura Antillano, Cristina Peri-Rossi) —al que ha contribuido abundantemente la producción de las mujeres— y una tendencia que podría definirse por su contacto con la calle: el barrio bajo, los cenáculos, los guettos,[36] en la que podría adscribirse Luis Rafael Sánchez, Daniel Moyano y Andrés Caicedo. Obras de la dificultad de *Homérica Latina* (Traba) o *Palinuro de México* (del Paso), poco tendrían que ver con el saqueo de formas populares adelantado por Sánchez en *La Guaracha del Macho Camacho* o con la cotidianidad que permea los relatos de Antonio Skármeta, quien por cierto al precisar las características de los novísimos —término que toma de Rama— no alude precisamente a construcciones y lenguajes de alta complejidad como los de *Abrapalabra* de Luis Britto. Lo que podría hermanar estas obras —si tal cosa es posible— sería la discusión sobre la modernidad a la que habíamos apuntado y que se traduce en una práctica que, como dice Ronald Daus,[37] se articula desde la perspectiva de que el mundo no es "tan racionalista, consistente y mítico como lo presentan". Siguiendo al mismo autor, dentro de la cancelación de proyectos estéticos y sociales que apuntaron a una Latinoamérica como alternativa y futuro de las esperanzas humanas y, a su vez, como lugar ignoto y mítico, se impuso una vivencia latinoamericana sin distanciamiento alguno y sin mesianismos:

---

32 Antonio Skármeta. *Ob. cit.*, p. 61.
33 George Yúdice. *Ob. cit.*, p. 128.
34 Norma Klahn. "Un nuevo verismo: apuntes sobre la última novela mexicana", en *Revista Iberoamericana,* Pittsburgh, Nº 148-149, vol. LV, julio-diciembre 1989, p. 927.
35 Antonio Skármeta. *Ob. cit.*, p. 60.
36 Angel Rama. "Los contestatarios del poder", en *ob. cit.*, p. 469.
37 Ronald Daus. *Ob. cit.*, p. 308.

> La nueva (intelectual) literatura de consumo latinoamericana, con sus imágenes de la vida irreal que sólo se pueden captar irónicamente, viene a ser literatura del "espíritu de una época": a la vez creación y disolución de un sentimiento epocal de la vida. Y es, por primera vez en la historia del continente, un sentimiento de vida latinoamericana independiente, consciente de su mexicanidad, brasilianidad, venezolanidad, argentinidad, al día y nostálgico, vulgar y pretensioso, siempre hedonista y sin el peso de una autoridad paterna, sin los miedos seculares y simplificadores a convivir con Europa y América del Norte, abiertos también para la herejía y chatarra de éstas.[38]

Pero esta latinoamericanidad sin mesianismos no implica una aceptación, resignada o no, del presente. Las cuatro novelas se abocan a una empresa de explicación histórico-cultural lejana a la pasividad. Es evidente, eso sí, una visión del presente en términos de realidad insatisfactoria con la que hay que convivir —casos Vega y Sánchez—, o a la que se rechaza sin remilgos —casos Vergés y Castillo—, pero que no plantea alternativas viables de transformación global. El interés en observar el proceso social y cultural a través del individuo en sus contradicciones cotidianas y la mezcla de estéticas y discursos revela, en mayor o menor grado dependiendo del texto, una duda sobre las seguridades del discurso intelectual racional,[39] privilegiado por el realismo de viejo cuño o por las complejísimas experimentaciones de la literatura moderna canónica, de la que el "boom" sería tributario en sus afanes estéticos totalizantes. Se expresa así una resistencia a los metarrelatos de la modernidad —expresados en la idea de progreso, en la obsesión de lo real como entidad a descubrir y en la posibilidad de vivir la historia y el arte como transformación permanente—,[40] en el entendido de que las grandes empresas —de izquierda y derecha— que se han postulado como portadoras de la modernidad han fracasado y que, además, ésta en su versión europea y norteamericana no nos ha favorecido en lo absoluto,[41] sobre todo en lo relativo a la racionalidad tecnológica y los ritmos económicos.

---

38 *Ibid.*, p. 320.
39 Angel Rama. "Los contestatarios del poder", en *ob. cit.*, p. 476.
40 Nicolás Casullo. *Ob. cit.*, p. 37.
41 Martín Hopenhayn. "El debate postmoderno y la dimensión cultural del desarrollo", en Fernando Calderón (comp.), *ob. cit.*, p. 66.

Esta desconfianza hacia la discursividad moderna emitida desde los grandes centros de poder no es nueva en nuestro continente; lo nuevo sería la asunción definitiva de una fragmentariedad que no permite una explicación unívoca y se traduce en una nueva relación con la tradición y con los lenguajes modernos de la comunicación, que permite la convivencia de la coherencia de la disquisición histórica junto con las estrategias publicitarias en Efraim Castillo, la crónica de los hechos posteriores a la caída de Trujillo y al pastiche del género rosa en Vergés, el rigor documental y la preocupación por la historia junto con el cuestionamiento al discurso histórico, todo estructurado en un folletín, en el caso de Vega, y la suplantación de metodologías, la mirada crítica a la teoría y la textualización del bolero en Sánchez. Pero, además, esa inédita relación con el pasado y el mundo de las imágenes —tamizada y delineada por el prefijo inquietante—, permite desplegar un conjunto de estrategias creativas de muy diversa naturaleza: *Curriculum* (*el síndrome de la visa*), de Efraim Castillo, establece vínculos más directos con el "boom" que *La importancia de llamarse Daniel Santos,* de Luis Rafael Sánchez, situación fácilmente comprensible si contemplamos la marca de lo nacional en la captación de una nueva ola de influencias. Así mismo, la novela de Sánchez se desprende de ciertos modos narrativos —cuya silueta esbozamos en páginas precedentes—, propios de la avalancha de literatura impregnada de la cultura popular urbana —rasgo siempre atribuido a la "literatura de los ochenta"—, y se ubica en el ámbito de una escritura que revienta los límites interdiscursivos y se regodea en un impenitente saqueo intertextual y teórico.

Más que al afán de originalidad, se invoca a los poderes de la comunicación; más que a la explicación totalizante se quiere traducir la fragmentariedad. Pero esta mixtura, esta fragmentariedad, se articulan como resistencia cultural y en su obsesiva indagación de lo nacional contradicen abiertamente la desaparición del sujeto, tan coreada por ciertos postmodernos, confirmándolo como portador de una especificidad irreductible a la homogeneización.[42] No se pretende entonces universalidad

[42] Franco Crespi. "Modernidad: la ética de una edad sin certezas", en Nicolás Casullo (comp. y pról.), *ob. cit.,* pp. 234-235.

alguna, y en medio de múltiples códigos y realidades particulares, la intelectualidad se desinteresa si no total parcialmente por ella —antiguo norte del ejercicio estético y de pensamiento— para integrarse a una praxis regional y hasta descaradamente local.[43]

[43] Andreas Huyssen. *Ob. cit.*, p. 312.

# II

# LO PROPIO ESTA EN EL AIRE Y EL DICTADOR SIN LIMITES: LA INEVITABILIDAD DE LO NACIONAL [1]

## SANCHEZ Y VERGES

Las influencias externas sólo adquieren su condición de real participante en un diálogo, en vez de actuar como emisor de un monólogo impositor, al momento de articularse al devenir y a los avatares de sus naturales interlocutores, las literaturas nacionales. Los contactos con la tradición interna son básicos para entender como una producción literaria debate una problemática, en el contexto de unas estrategias discursivas determinadas y en confrontación con las polémicas estéticas y culturales internacionales.

La narrativa puertorriqueña se distingue por la existencia de una producción narrativa variada, consistente, capaz de debatir problemáticas culturales y nacionales desde ángulos, estrategias narrativas y períodos históricos muy diferentes. La consolidación de un sector intelectual con ciertas posibilidades de ejercer su acción particular y algunas condiciones favorables provenientes del paternalismo colonial, ha permitido el disfrute de ventajas, la docencia universitaria por ejemplo, que han estimulado la dedicación al oficio. Las conexiones con el exte-

1 Para este capítulo, hemos tomado en consideración las propuestas de Dionys Durisin acerca de los dominios contactual (influencias externas e internas) y tipológico (características de las obras en cuanto a género) que definen las relaciones de una producción literaria con un contexto determinado, tanto nacional como internacional. Véase Dionys Durisin. "Bosquejo de los puntos de partida fundamentales del estudio comparativo de la literatura", en *Casa de las Américas,* La Habana, Nº 135, año XXXIII, noviembre-diciembre 1982, pp. 30-39.

rior a través de la utilización de los sistemas de información norteamericanos ha posibilitado un contacto sistemático con las literaturas y los discursos teóricos internacionales, que crea un espacio de discusión y de creación de estrategias discursivas novedosas traducido en el vigor de la narrativa puertorriqueña actual.[2] Por supuesto, no intentamos demostrar que la intelectualidad boricua, que al fin y al cabo mantiene relaciones difíciles con su entorno y con la metrópoli, cuenta con paradisíacas ventajas para su ejercicio. En todo caso, los pocos privilegios que puede disfrutar han permitido un ejercicio mucho más cultural que militante, políticamente hablando, ejercicio que toma cuerpo en un proyecto de resistencia cultural, de disidencia, distinto a un proyecto nacional, instrumentable por medio de la consecusión del poder político. De aquí que sea más importante la muestra, el registro, la convivencia, que la interpretación político-social. Estamos ante un tipo particular de movimiento social, definido en los siguientes términos:

> [. . .] los "movimientos" ya no operan como personajes sino como signos. Operan como signos en el sentido de que traducen su acción en desafíos simbólicos que desequilibran los códigos culturales dominantes y revelan su irracionalidad y parcialidad, actuando en los niveles (de información y comunicación) en los cuales también operan las nuevas formas del poder tecnocrático.[3]

Precisamente como "desafío simbólico" se ha asumido literariamente el problema de la identidad nacional en Puerto Rico. Luis Rafael Sánchez [4] no duda en decir que la mayor proeza de un boricua es afirmarse como tal. No es la apasionada observación de un intelectual la que convalida tal idea, sino la vivencia concreta de un pueblo que en medio de todas sus contradicciones apoyó el español como idioma oficial después de casi un siglo de la invasión norteamericana. Recordemos que frente a la índole omnímoda del poder externo ha existido una resistencia a su imposición definitiva, y la lengua y la cultura his-

---

2 Idea manejada por María Julia Daroqui en su trabajo "Puertorriqueños y ¡Basta!" (en prensa).

3 Alberto Melucci. "Los movimientos sociales y la democratización de la vida cotidiana", en Fernando Calderón (comp.) *Imágenes desconocidas.* La modernidad en la encrucijada postmoderna. México, CLACSO (Consejo Latinoamericano de Ciencias Sociales), 1983, p. 199.

4 Luis Rafael Sánchez. "Literatura y compromiso en el Caribe", en *Eco,* Bogotá, Nº 257, tomo XLII/5, marzo 1983, p. 479.

panas son vehículos de dicha resistencia. De todos modos, es clave tomar en cuenta que tal afirmación cultural parte más de la experiencia cotidiana pura y simple que de un proyecto nacional visto como programa. El mismo Sánchez afirma que los sectores medios se inclinan por sentirse norteamericanos, aunque la vida diaria, hablada en español, y la existencia de manifestaciones y formas de vida propias ridiculicen esa pretensión, por más que esté respaldada por el visto bueno consular. Así mismo, los estratos populares están sometidos a un bombardeo ideológico permanente —a través de las instituciones políticas, educativas y de los medios de comunicación—, y carecen de alternativas políticas viables, por lo cual el nacionalismo no es el pan puertorriqueño de cada día, como sí lo es el proveniente de los cupones repartidos por el humillante paternalismo norteamericano.

La cultura e identidad nacional, como correlativos, son proyectos más que realidades concretas y delimitables, capaces de conseguir la unanimidad de sectores muy diversos de la sociedad boricua. Escritores como Sánchez y José Luis González [5] utilizan estas denominaciones con un carácter específico: primordialmente, aquello que diferencie a Puerto Rico de EUA que, además, sea expresión de sectores no adscritos al suspiro hispanófilo, con el cual el nacionalismo de viejo cuño cubrió su responsabilidad frente a otros sectores de la isla. Aquí la cultura y la identidad toman un carácter de instrumentos de resistencia ante viejas y nuevas opresiones, internas y externas. Independientemente de la existencia de otros planteamientos, pro o antinorteamericanos, la formación discursiva puertorriqueña actual ha asumido la cultura y la identidad propias desde este punto de vista, pero sin mesianismo alguno, puesto que no hay una alternativa. Esta intelectualidad no se hace eco de una opción política concreta y es consciente de que no representa la cultura puertorriqueña, como ente diferenciable de la penetración externa y la alienación social, sino ciertas voces, que aunque puedan negarse a sí mismas —como Suzie Bermúdez, la inmigrante pitiyanqui de "Pollito Chicken", de Ana Lydia Vega—, están ligadas, con su beneplácito o no, a un colectivo, muy parcialmente asimilado a EUA, donde conviven

---

5 Véase José Luis González. *El país de cuatro pisos y otros ensayos*. Río Piedras, Ediciones Huracán, Colección La Nave y El Puerto, 1980.

—sin fronteras muy demarcadas en diversos casos— lo propio, lo ajeno y aquello que aunque ajeno ya se ha hecho propio, como la cultura de masas por ejemplo. Lo más importante aquí es que la definición de lo puertorriqueño viene, sin duda alguna, por el lado de lo cotidiano concreto, más que de algún programa más o menos bien intencionado. Tal vez, como lo plantea José Beauchamp,[6] atender a esas voces implique una exaltación más o menos oculta, de un lumpenismo donde predomina la degradación y la ausencia de opciones. No obstante, ese riesgo podría abrir una posibilidad de comprensión de vivir individual y social que no han podido proporcionar los modelos de las ciencias sociales, adscritos a variables de otra índole y cuya capacidad de análisis no ha sido por lo visto suficiente para que la manera latinoamericana —y puertorriqueña— de enfrentar el hoy, no sea otra que la perplejidad.

*La importancia de llamarse Daniel Santos* actúa pues en el contexto de la resistencia cultural que ha signado el devenir narrativo puertorriqueño. Dentro de las tendencias actuales de la formación discursiva boricua, podría insertarse —de un modo muy particular— en la larga tradición del plebeyismo,[7] que ha insuflado bríos lumpenizantes a la producción literaria de la isla. Agotadas las posibilidades de proyectos nacionales de independencia, la articulación a un ámbito cultural hispano se erige como posibilidad de disidencia y se explora; se desconfía de las explicaciones totalizantes que conducirían al sino trágico de un presente sin alternativas: la historia pasada no puede modificarse y el presente frustrante mucho tiene que ver con ella. El texto no sólo debate la modernidad puertorriqueña en su seno sino que la ubica como objeto de fabulación. El bolero se textualiza narrativamente y asume una dimensión cultural que lo hace pasible de finalidades indagatorias del acontecer colectivo. Se buscan alternativas a los discursos teóricos tradicionales

---

6 Durante el período de este gobernador, se exaltó la cultura nacional al mismo tiempo que se pontificaba acerca de las ventajas de ser un estado "libre" asociado, nada más y nada menos que de los Estados Unidos. Véase: José Beauchamp. "La novela puertorriqueña: una estructura de resistencia, ruptura y recuperación", en *Casa de las Américas,* N° 124, año XXII, enero-febrero 1981, p. 68.

7 José Luis González afirma que si no hay una clase dirigente que cumpla su rol, el pueblo opta por lo suyo e impone a la cultura de élites sus formas expresivas, de lo cual sería una muestra *La Guaracha del macho Camacho* (1979) de Luis Rafael Sánchez, y la obra de Ana Lydia Vega. Véase: José Luis González. *Ob. cit.,* p. 33 y 36.

y a la propia narrativa nacional. El primer factor indica que el texto se ubica a la delantera de las polémicas acerca de la modernidad y de la multiplicidad de códigos y procesos particulares que la definen en su etapa "post" —por utilizar un término afortunado— e intenta abrirse otros caminos en medio de la fragmentación, la cual escapa a una codificación definitiva. El segundo factor indica que ya el plebeyismo debe dar paso a otras opciones. Al construir y deconstruir un mito plebeyo, Sánchez asume que la cultura urbana, vista desde la perspectiva del intelectual, se textualiza muchas veces por la impostura. Hay una parte de la fabulación donde afirma, incluso, que la escritura lumpenizante es una moda y una falsificación.

Respecto a este punto, Ronald Daus sostiene que el escritor siempre contempla los productos de la industria cultural con el distanciamiento propio de su tradición, los asume, hasta le gustan pero no los paladea simplemente; los mira desde una atalaya, los deconstruye.[8] Luis Rafael Sánchez puede considerarse líder indiscutido del plebeyismo puertorriqueño, tal como lo testimonia *La guaracha del macho Camacho;* no obstante, su interés por lo específicamente puertorriqueño lo lleva a cuestionar abiertamente los géneros, dada su insuficiencia para expresar un universo cultural de altísima complejidad. La escritura lumpenizante se deslumpeniza para expresar las contradicciones de lo popular puertorriqueño, visto como posible identidad nacional. Se cierra un capítulo no sólo en la literatura puertorriqueña sino incluso nos atreveríamos a afirmar que en la literatura hispanoamericana de las últimas décadas. La cultura urbana popular pareciera agotar su protagonismo. No se trata de un abandono de la misma, que forma parte de la cultura de los escritores, sino de la pérdida de las primeras iridiscencias de su irrupción y de la irreverente expresión de su presencia. Se cierra un capítulo (es una simple imagen, en literatura nada se cierra literalmente) y se abre otro: la posibilidad de exploración de la hibridación,[9] de los quiebres de los límites interdiscursivos, la búsqueda de una posibilidad escritural capaz de enfrentar la crisis cultural global actual. Si esta propuesta

---

8 Ronald Daus. "La literatura novísima de América Latina", en *ECO,* Bogotá, Nº 267, tomo XLIV/3, enero 1984, p. 318.

9 Carlos Rincón. "Modernidad periférica y el desafío de lo postmoderno: perspectivas del arte narrativo latinoamericano", en *Revista de Crítica Literaria Latinoamericana,* Lima, Nº 29, año XV, 1er. semestre de 1989, p. 80.

prospera o no ya se verá; lo básico es que está abierta como tal. Sánchez se coloca entonces a la vanguardia de la producción narrativa continental y puertorriqueña, entroncándose con escritores como Edgardo Rodríguez Juliá, cuyo oficio cronístico y de falsificación y recreación histórica se introduce en esta corriente que hace de la interdiscursividad el límite y la ruptura con la convencionalidad narrativa. Esta situación de Sánchez implica entonces el contexto de la formación literaria puertorriqueña dada a muy diversos tipos de indagaciones discursivas, y presupone un desarrollo capaz no sólo de asumir creadoramente las influencias de la literatura continental sino incluso de colocarse en primera fila en lo que a ella respecta. *La importancia de llamarse Daniel Santos* debe leerse entonces como un texto de doble ruptura: nacional y continental.

* * *

Caso muy diferente al de Puerto Rico es el de República Dominicana. Su producción novelística adolece de un desarrollo sistemático y robusto y ha constituido hasta hace pocos años parte de la praxis política de los sectores intelectuales, abocados a la consecusión del poder como posibilidad de desplegar su actividad intelectual y como única alternativa de transformación global de la sociedad dominicana. Aislamiento, aguda instrumentalización política del ejercicio literario desde el siglo pasado, una modernización espasmódica, la imposibilidad de dedicarse al oficio narrativo, el peso del trujillato y sus consecuencias signan el universo cultural dominicano, sólo recientemente abocado a la consecusión de un espacio autónomo para el ejercicio estético. Mientras en los años setenta empieza a ceder la actitud abiertamente politizada de fuertes sectores intelectuales, en República Dominicana tal actitud marca la práctica cultural hasta incluso la década del ochenta.[10] Esta situación explica el impacto específico de las problemáticas internacionales en la formación discursiva dominicana y, más particularmente, su asunción y discusión desde las páginas de *Sólo cenizas hallarás* (*bolero*).

---

10 José Alcántara Almanzar. "Sobre literatura dominicana. 1965-1985", en *Hómines*, Nº 2, vol. 13; Nº 1, vol. 14, 1989-90, p. 326.

La novelística dominicana de las últimas décadas ha dedicado sus mayores esfuerzos a dilucidar los efectos del trujillato y a tratar de asimilar nuevas estrategias discursivas en una posición de asincronía frente al resto del continente. El primer factor evidencia un peso sustancial de la visión política, especialmente desde la izquierda, que tamiza el impacto de los medios de comunicación y los rasgos que asumen las discusiones sobre la modernidad nacional. En *Sólo cenizas hallarás* (*bolero*) el punto de vista rigurosamente centrado en una sola perspectiva cuestiona a fondo la índole alienante de los medios, desde la tradicional postura marxista en relación a éstos como instrumentos de construcción y solidificación de la hegemonía. La cultura popular expresada en el bolero es vista exclusivamente desde su influencia narcotizante, pero es asimilada por formar incuestionablemente parte del imaginario colectivo nacional. La ruptura del texto en cuanto a la formación discursiva en que se inserta es precisamente permitir la entrada en ella del bolero, el folletín rosa, la radio y telenovela y, en resumen, el ámbito de la cultura popular urbana, desde el punto de vista de estrategias discursivas novedosas que van más allá de la tardía asimilación del "boom" en la isla. Este contacto con tendencias de la narrativa continental rompe el tradicional aislamiento y asincronía de la formación discursiva dominicana, y constituye por lo menos un primer paso en este sentido. Lo que ocurre es que la necesidad de explicación histórica y la desconfianza por unos medios abiertamente impugnados por la literatura "culta" y condenados por sus funciones ideológicas, se traduce en una yuxtaposición de registros en el que el comentario y la crónica político-social intentan completar las insuficiencias de las formas populares como posibilidades expresivas de una problemática social. Se vivencia contradictoriamente el cambio de la noción de literatura, pues, por una parte, se capta la necesidad de establecer formas alternativas de comunicación en consonancia con una nueva correlación autor-texto-receptor, pero a la vez se cuestiona la capacidad de desautomatizar y proveer de una novedosa función a los géneros "subliterarios".

El comentario político-social implica además una resistencia a aceptar las evidentes limitaciones que ha mostrado esa discursividad no sólo a nivel literario sino también social. Conviven las ansias de explicar racionalmente la realidad dominicana junto con la constatación de que esas explicaciones sólo conllevan el fantasma de la fatalidad histórica. La novela se articula a la discusión continental sobre la crisis de los proyectos modernizantes y de izquierda, desde la perspectiva de que su fracaso no está inscrito en la índole del proyecto mismo, sino en la responsabilidad colectiva de aquellos incapaces de llevarlo a cabo. Esta mínima confianza en la discursividad política izquierdista de la modernidad latinoamericana, convive con la crítica a la modernidad desde el punto de vista de la influencia norteamericana y los medios de comunicación. La conciencia de la particular modernidad dominicana no se asume entonces como aceptación, lo cual se vislumbra en la estructura misma del texto basada en distintos registros —formas culturales populares y comentario político-social—, sino como impugnación desde otra posibilidad de modernidad ya clausurada y frustrada con la Guerra de Abril.[11] Este debate complejo conecta al texto con dos aspectos; uno, la evolución misma de la narrativa quisqueyana, abocada masivamente a la preocupación social y a la indagación sobre la dictadura y la Guerra de Abril, lo cual condiciona que la perspectiva global del texto pueda identificarse con un proyecto de nación radicalmente distinto al orquestado por Trujillo, Balaguer o la presencia norteamericana; otro, la posibilidad de concebir la escritura como espacio experimental conducido a la comunicación con sectores más amplios.

No obstante constituirse en un logro, este segundo factor invita a reflexionar sobre los contactos de la narrativa dominicana con el ámbito continental. Dado el aislamiento y el peso de la política en el devenir estético nacional, el proyecto narrativo de *Sólo cenizas hallarás* (*bolero*) pierde terreno al enfrentarse con proyectos semejantes de la narrativa reciente. Manuel Puig, Sergio Ramírez, Carmen Lugo Filippi, Ana Lydia

---

11 Luego de la muerte de Trujillo, y después de un período de transición, Juan Bosch gana las elecciones presidenciales en 1962, para ser derrocado en 1963. Se instala un triunvirato de civiles, respaldado por EUA y los sectores neotrujillistas, nada satisfechos con la tolerancia de Bosch hacia la izquierda ni con las reformas emprendidas a partir de la Constitución aprobada durante su período. En abril de 1965 los constitucionalistas, liderizados por Caamaño, militar antitrujillista, expulsan al triunvirato con el fin de traer a Bosch; la invasión norteamericana fue pocos días después. En contra de ella participó el movimiento Catorce de Junio, grupo insurgente de izquierda. Este enfrentamiento y su fracaso galvanizaron a jóvenes intelectuales que veían por fin la posibilidad de un cambio favorable y de participar en la sociedad como creadores y militantes, sin ser comparsa de gobiernos de facto.

Vega, han obtenido extraordinarios logros en su adscripción a formas narrativas populares. Margarita García Olmos afirma que la literatura dominicana es marginal respecto a los grandes centros hispanoamericanos [12] y no le falta razón. Pero tal marginalidad no debe ser entendida como el resultado de una maniobra editorial y cultural; es marginal porque no puede competir con otras producciones del continente,[13] lo cual se evidenciará cuando dibujemos algunos rasgos diferenciales entre la producción dominicana y la puertorriqueña. Lo fundamental respecto al texto estudiado es que se constituye prácticamente como un hito dentro de la novelística de la isla al aportar una reformulación del ejercicio literario en el ámbito nacional.

* * *

*Sólo cenizas hallarás (bolero)* y *La importancia de llamarse Daniel Santos* constituyen quiebres fundamentales en sus tradiciones literarias, sobre todo desde el punto de vista de las estrategias discursivas y de la particular mirada sobre la cultura popular. Es evidente que hay un ámbito hispanoamericano donde República Dominicana y Puerto Rico están ubicados por derecho propio. Ahora bien, las dos novelas prefiguran proyectos y logros narrativos muy distintos. *La importancia de llamarse Daniel Santos* debate todo un universo teórico y genérico desde las suscitaciones de lo popular; *Sólo cenizas hallarás (bolero)* trata de establecer un espacio interdiscursivo con sistemas literarios populares pero su intencionalidad es resquebrajada por las intervenciones de un narrador que quiere asegurarse de que el lector jamás crea que la novela es un texto "subliterario". Vanguardia y retaguardia; resistencia cultural y frustración política; voz y balbuceo; sin intentar establecer dicotomías o valoraciones definitivas, es evidente que ambos textos están tan lejos uno del otro como cerca están Puerto Rico y República Dominicana. Dos universos intelectuales distintos se destacan en ambos textos: uno que establece amplias redes comunicacionales, sin que esto impida el sostenimiento de una perspectiva

---

12 Margarita Fernández Olmos. "La narrativa dominicana contemporánea en busca de una salida", en *Revista Iberoamericana,* Pittsburgh, Nº 142, vol. XIX, enero-marzo 1988, p. 29.

13 Pedro Peix (comp. y pról.). *La narrativa yugulada.* Santo Domingo, Alfa y Omega, 1981, p. 15.

tercamente regional; otro que trasluce la esterilidad del aislamiento y la ausencia de condiciones para fijar y desarrollar nuevas estrategias estéticas. Los dos textos coinciden, eso sí, en un interés por lo nacional y, en el caso de Sánchez, por lo regional, que trasluce la pertenencia a culturas signadas por condiciones de dominación, crudamente evidentes en el Caribe, que estimulan búsquedas de esta naturaleza. Pero sus perspectivas se distinguen radicalmente la una de la otra y responden a puntos de vista distintos sobre la propia labor cultural y el concepto de lo nacional.

## VEGA Y CASTILLO

Por supuesto, una formación discursiva cuya visión de lo cultural y de la identidad está articulada al status de colonia, no podría más que hacer de la sujeción colonial otro de los centros de su práctica.[14] Un cuento como "Encancaranublado", de Ana Lydia Vega, ilustra irónicamente la realidad de tres caribeños, que después de pelearse entre sí, son rescatados por un buque norteamericano, dispuesto a alimentar y explotar a esos negros con la complacencia del poderoso que siempre tercia en todas las riñas. El rictus imperial en su esplendor seductor y modernizante de los tiempos de Muñoz Marín (años cincuenta) permea a *Felices días, tío Sergio* (1986), de Magaly García Ramí, donde ese tío idealizado, posee, entre otros pecados, ciertas simpatías independentistas. *La llegada* (1982), de José Luis González, recoge esa especie de sorpresa llena de impotencia o resignación que recorrió el país en 1898, fecha de la invasión norteamericana. Tomando estos pocos textos de las dos últimas décadas, intuimos o vislumbramos claramente una presencia que genera un espacio discursivo y crítico donde se barajan tanto las responsabilidades imperiales como las propias, con muy poca tendencia, además, a un patetismo exaltador de las víctimas, sino, más bien, a perfilar el funcionamiento del coloniaje desde la instancia concreta de la vida social, de la historia y la intrahistoria, entendida como la vivencia concreta

14 Julio Ortega. *Reapropiaciones. Cultura y nueva escritura en Puerto Rico.* Río Piedras. Editorial de la Universidad de Puerto Rico, 1991, p. 6.

de esa historia, donde ésta se materializa y desde la cual, a su vez, es moldeada y orientada.

Para el momento en que comienza el ejercicio de los escritores más recientes (años setenta y ochenta), la ruptura definitiva con el país colonizador se hacía cada vez más lejana. Los creadores han sido testigos e intérpretes de toda esta situación desde una plataforma que desearía para sí una intelectualidad como la dominicana —por ejemplo—, asfixiada entre la falta de recursos y las pocas posibilidades de contacto con el exterior. Esa plataforma y la peculiar evolución de la isla conducen a un replanteamiento de la idea de lo nacional, donde la diferencialidad respecto a EUA es evidencia desesperada pero no basamento suficiente para lanzarse audazmente a proyectos independentistas sin salida. La idea decimonónica del estado-nación hispanoamericano se desdibuja en su inviabilidad para dar paso a la de pluralidad cultural y voces disidentes, uno más de los trazos de la inefable postmodernidad. Que esto sea una salida o no, no es impedimento para que siga existiendo en Puerto Rico esa dualidad, tan bien explotada por el gobierno de Muñoz Marín, como es que la cultura y la política caminan por diferentes senderos.[15]

Dentro de este contexto no es de extrañar el interés por la historia como invención de un espacio de reconocimiento y acción social e individual. En el más conspicuo representante de esta tendencia como Edgardo Rodríguez Juliá, la historia es macro y micro, es poderío español —el Cardenal en *La Renuncia del héroe Baltasar* (1974)— y es también la exuberancia sexual del héroe y sus pasiones en contra de la comunidad esclava a la que perteneció. Es la coherencia del discurso histórico llevada a un texto de ficción —que utiliza fuentes al igual que dicho discurso—, la distorsión y rupturas de tal coherencia en la exploración de las capacidades iluminadoras de la diacronía a través de la ficción y la aceptación de lo inexplicable, la disrupción, lo azaroso como variables que el discurso histórico oculta o desecha, sin calibrar su importancia. La ansiedad por un pasado que ilumine el presente es correlativa a sufrir la imposibilidad de hacer la historia y no simplemente padecerla. En una región donde la

[15] José Beauchamp. *Ob. cit.*, p. 68.

historia estadounidense se imparte antes que la del colectivo,[16] inventar el pasado y hacer dudar a los expertos en sucesos de otros tiempos, como en el cuento "Seva" (1983), de Luis López Nieves, donde se sueña la existencia de un gesto épico ante la invasión, implica rebelarse contra aquella idea del viejo escritor boricua, René Marqués, acerca del "puertorriqueño dócil" y, a la vez, aventurarse al cuestionamiento del discurso histórico como método y ejercicio, cuyas propuestas de confiabilidad pueden ser parodiadas a partir de lo apócrifo.

*Sobre tumbas y héroes* responde plenamente a las características que definen la literatura puertorriqueña de hoy, una de las cuales es el interés por la propia historia, particularmente en lo tocante a la relación colonizado-colonización. El intertexto con el cronista José Marcial Quiñones es significativo en este sentido porque implica un esfuerzo por construir un discurso que forma el objeto del que habla a través de conexiones inéditas.[17] Si el objeto en este texto es el problema de la percepción y redescubrimiento de la historia, la valorización de Quiñones como la voz disidente frente a la versión oficial española y la recreación de un episodio secundario de la crónica a través de una estructuración narrativa basada en el folletín, configuran un nuevo espacio, capaz de vehicular una concepción que rompe con la solemnidad propia de los discursos históricos, contactándose además con la inclinación por la intrahistoria manifestada por escritores como Edgardo Rodríguez Juliá. Por otra parte, en la literatura boricua actual hay una vertiente de gran importancia que se caracteriza por tomar muy en cuenta los aportes de las ciencias sociales en lo tocante a la problemática de la isla. Rodríguez Juliá, Luis Rafael Sánchez y la misma Vega son buenos ejemplos. En cuanto al folletín, Carmen Lugo Filippi y Rosario Ferré muestran en su obra los alcances que ha tenido en Puerto Rico la cultura de masas en relación a la práctica discursiva.

*Sobre tumbas y héroes* pertenece al libro *Pasión de historia y otras historias de pasión,* donde Vega explora también la estructura policíaca, muy en boga en la literatura hispanoame-

---

16 Manuel Maldonado-Denis. "El imperialismo y la dependencia. El caso de Puerto Rico", en Pablo González Casanova (comp.), *América Latina, Historia de Medio Siglo, 2 - México, Centroamérica y el Caribe.* México, Instituto de Investigaciones de la UNAM, Siglo XXI, 1987, p. 459.

17 Edmond Cross. *Literatura, ideología y sociedad.* Madrid, Gredos, 1986, p. 58.

ricana actual, tal como lo evidencian novelas como *Castigo Divino* del nicaragüense Sergio Ramírez. La "nouvelle" estudiada ha integrado novedosa y creativamente los aportes de la literatura boricua e hispana, ofreciendo una muestra significativa de los logros alcanzados por Ana Lydia Vega en la formación discursiva donde el texto se inserta. Integra, igualmente, la discusión sobre la modernidad a través de la indagación de otros códigos de acceso e interpretación de la realidad como la oralidad y con la impugnación del discurso histórico como verdad indiscutida. Se asume, además, el cambio en la noción de literatura al utilizar formas expresivas inéditas en la novelística ligada a la referencialidad histórica, con lo cual se cuestiona el concepto moderno de la originalidad literaria al asumirse estéticas de otros sistemas y se renueva este tipo de narrativa, tan abundante en nuestro continente. Vega colabora, junto a Edgardo Rodríguez Juliá, innovador indiscutido de la fabulación de la historia, a un replanteamiento de las relaciones interdiscursivas historia-literatura.

* * *

Rafael Leonidas Trujillo sólo es parangonable con aquellos déspotas que ritualizan el ejercicio del poder hasta convertirlo en un culto secularizado. La reverencia llena de odio que le ha dedicado nuestra literatura a los dictadores como suerte de oscuras encarnaciones de bajas pasiones colectivas, es posiblemente lo más cercano, paradójicamente, al silencio que rodea a Trujillo, el cual es objeto de todas las alusiones pero es cuidadosamente eludido. Durante su largo mandato nadie fue capaz de subvertir su mítica presencia a través de la ficción; cuando Marcio Veloz Maggiolo escribe *La biografía difusa de Sombra Castañeda* (1980) se impone el mito y los contornos se desdibujan en una figura que esparce un hálito de omnipotencia a su alrededor. Sólo el humor popular, capaz de reducir a un chiste el poder y convertirlo en quincallería, redujo el esplendor del "Jefe" a bisutería endilgándole el hasta tierno motete de "Chapita". En la novelística posterior a la muerte del dictador, Trujillo siguió siendo el siempre aludido y eludido, tomando en cuenta que una larga lista de narraciones como las apuntadas por José Alcántara Almanzar y Pedro Peix,[18] a excepción de la novela de Veloz Maggiolo mencionada, no exploran la figura del todopoderoso gobernante. Neil Larsen opina que la literatura dominicana carece de la suficiente madurez como para enfrentar ese reto,[19] opinión que sería discutible por erigirse en preceptiva ideológica sino fuera porque, y no casualmente, gran parte de la producción narrativa a partir de los sesenta se centra en los efectos de la dictadura.[20] Esto evidencia que el fenómeno político es preferencia indiscutida dentro de la formación discursiva quisqueyana. La indagación sobre la crisis histórica y la derrota de la Guerra de Abril, está estrechamente relacionada con los efectos del trujillato y, en opinión de Alcántara Almanzar, se ha convertido en un fardo para la evolución literaria del país,[21] dado que el ejercicio narrativo ha estado obsesivamente anclado en funciones político-ideológicas establecidas desde los bandos en pugna.

Como característica central de esa indagación, es notable una voluntad de privilegiar la propia experiencia del intelectual dentro de un mundo urbano que comienza a tomar auge y dentro del cual actúa y piensa desde la perspectiva del derrotado.[22] Sin lugar para poses optimistas se intenta crear una posibilidad socio-cultural que recupere un asidero para los que rozan el nihilismo, como el personaje de Alberto Pérez en *Curriculum (el síndrome de la visa)*. Más que la historia dominicana, obsesiona la pérdida de un momento crucial política y culturalmente hablando como fue la Guerra de Abril. Desde las condiciones inherentes a su propia práctica la narrativa ha aportado una visión de la praxis individual en el marco de rígidas limitaciones históricas y, en este sentido, ha contribuido a subrayar ese carácter de "serrucho" que le atribuye el personaje mencionado a la odisea dominicana y su impacto en el presente.

---

18 Véase: José Alcántara Almanzar. "Sobre literatura dominicana. 1965-1985", en *Hómines,* San Juan, Nº 2, Vol. 13; Nº 1, Vol. 14, 1989-90, pp. 324-332; y el prólogo de Pedro Peix para la antología de cuentos *La narrativa yugulada.* Santo Domingo, Alfa y Omega, 1981, pp. 5-32.

19 Neil Larsen. "¿Cómo narrar el trujillato?", en *Revista Iberoamericana,* Pittsburgh, Nº 142, Vol. LIX, enero-marzo 1988, p. 90.

20 Sharon Keefe Ugalde. "Veloz Maggiolo y la narrativa del dictador/dictadura", en *Revista Iberoamericana,* Pittsburgh, Nº 152, Vol. LIX, enero-marzo 1988, pp. 132-133.

21 José Alcántara Almanzar. *Ob. cit.,* p. 330.

22 Angel Rama citado por Margarita Fernández Olmos. *Ob. cit.,* p. 74.

*Curriculum* (*el síndrome de la visa*) evidencia, además, el quiebre definitivo con el esquema Juan Bosch-criollismo [23] que pesó durante tantos años en la narrativa dominicana, y explicita una inteligente asimilación de las audacias técnicas del "boom" en cuanto a la yuxtaposición de los planos temporales y el uso de técnicas de montaje en las secuencias narrativas. Ciertamente, la literatura hispanoamericana actual privilegia otros recursos, pero debemos recordar las dificultosas condiciones de la formación discursiva dominicana. Además, esta novela es una demostración excelente de que el impacto de las influencias internacionales sólo puede ser entendido en el contexto del funcionamiento particular de una literatura dada. El "boom" llegó tardíamente a República Dominicana, su asimilación es muy reciente y una novela como la de Castillo, de principios de los ochenta, puede considerarse un epígono de cara al continente pero no al enfrentarla con la tradición nacional. La discusión sobre la modernidad es particularmente contradictoria en este texto, pues si por un lado se duda de las posibilidades alternativas y de cambio del discurso histórico, privilegiando la intrahistoria y el impacto de las comunicaciones en el ámbito intersubjetivo, también es cierto que al apropiarse de las estrategias discursivas del "boom" intenta insertarse en una modernidad literaria, caracterizada por un intento de explicación global de la realidad y por la experimentación formal y las complejas construcciones que han marcado la evolución narrativa europea y norteamericana en la primera mitad de la centuria. La discusión sobre la particular y azarosa modernidad dominicana es llevada a cabo con recursos propios de esa modernidad y desde la modernidad misma, lo cual se traduce igualmente en las largas parrafadas de análisis histórico que se insertan en el texto, los cuales están ideológicamente adscritos al pensamiento de izquierda.

Pudiéndose calificar en un primer momento, como ya dijimos, de epígono del "boom", esta novela cobra actualidad,

---

[23] Bosch ha sido profundamente respetado por la intelectualidad dominicana tanto por su aporte al criollismo, único período de este siglo en que la isla mantuvo una relativa sincronía con Hispanoamérica, como por su actuación política. Su influencia en las nuevas generaciones no ha sido todo lo fecundante que cabría esperarse, debido a que la misma se ha traducido, hasta hace poco tiempo, en la mitificación de la figura escritor-político-militante, que no ha permitido, entre otros factores, la decantación de nuevas opciones estéticas.

sin embargo, no sólo a la luz de su papel ruptural en la narrativa dominicana, sino también al contemplarla en subterráneo —y hasta inconsciente— diálogo con ciertos rasgos atribuidos al postboom. El impacto de la cultura urbana en las relaciones cotidianas e históricas, la asimilación estética de rasgos propios de tal cultura, la duda en relación a la eficacia práctica de las grandes discursividades explicativas y el otorgarle a las mismas una funcionalidad narrativa poco común, pertenecen a un ámbito que acerca a esta novela, aunque de manera contradictoria y conflictiva, a preocupaciones muy actuales, rasgo que si no desdice completamente su carácter de texto a la zaga, por lo menos actúa como contrapeso y estimula una reflexión sobre su papel e importancia en la narrativa reciente del Caribe Hispánico.

* * *

Ambos textos se corresponden con dos tradiciones literarias donde la historia, lo político y el problema colonial son temas centrales. En reiteradas ocasiones al hablar sobre el Caribe se insiste en la aguda preocupación de los escritores en este sentido, que supera incluso la de sus homólogos hispanoamericanos debido al carácter sumamente conflictivo que asumen los aspectos mencionados en esa región. Así mismo, es evidente que ambas obras han asimilado las rupturas de sus respectivas formaciones discursivas y comparten inquietudes respecto a las técnicas narrativas que son comunes. No obstante, se notan diferencias relativas a una sincronía mayor de Vega con las vertientes actuales a diferencia de Castillo, cuyas estrategias discursivas se conectan con las del "boom". Se refleja también que mientras la literatura boricua ubica sus relatos en períodos históricos muy diversos, la dominicana, en razón de su historia, gira sobre o en los límites del trujillato y sus consecuencias.[24] Castillo no escapa de esta obsesión dominicana que, como se expuso en líneas precedentes, es una característica central de este sistema literario.

La coincidencia apuntada anteriormente respecto al peso del elemento historia en ambos textos requiere de puntualiza-

---

24 Neil Larsen. *Ob. cit.*, p. 90.

ciones importantes, conectadas con la referencialidad particular manejada por ellos. Angel Rama afirma que toda cultura regional es irreductible a otra y que tal especificidad particulariza el impacto de los factores comunes de penetración foránea y modela la historia propia de cada pueblo.[25] Esta afirmación es pertinente en lo tocante a las obras aquí analizadas. El referente histórico-textual que se maneja en *Sobre tumbas y héroes* es tan puertorriqueño que es muy difícil aprehender el sentido general y las resonancias ideológicas del texto si no se tienen a la mano los datos necesarios. Es posible que se sostenga como folletín y se entienda la finalidad indagatoria de la "nouvelle", pero las múltiples significaciones que posee pueden pasar desapercibidas.

El caso de *Curriculum (el síndrome de la visa)* es semejante. Margarita Fernández Olmos aduce que la constante alusión a la realidad dominicana limita el público de la novela y la convierte en una obra marginal.[26] Pensamos que si bien tal juicio es excesivo, a nuestro entender no le falta razón al observar la abierta intencionalidad del autor en revelar lo original dominicano y registrar los efectos específicos de la dominación cultural sobre ese país. Siendo tal dominación un problema común a nuestro continente, se expresa la necesidad de confrontarlo con el proceso nacional, diferenciable de los del resto de Latinoamérica, con la finalidad de dilucidar los por qué del presente.[27]

El interés por lo nacional no sólo excluye "pretensiones universalistas" [28] sino también pretensiones de explorar y explorarse en otros países. No se niegan los puntos de contacto, como diría Rama,[29] pero tampoco se enfatiza la conexión en un consciente volcamiento a la situación interna. Esto permite comprender la idea expuesta por nosotros en relación a la insistencia dominicana en el trujillismo, que no posee correlato alguno en la narrativa puertorriqueña. Existe, a no dudarlo, una relación de convergencia entre *Sobre tumbas y héroes* y *Curriculum (el síndrome de la visa)*, en la que el factor común

---

25 Angel Rama. *Transculturación narrativa en América Latina.* México, Siglo XXI, 1982, p. 97.
26 Margarita Fernández Olmos. *Ob. cit.,* p. 78.
27 *Ibid.,* p. 79.
28 *Ibid.*
29 Angel Rama. *Ob. cit.,* p. 97.

es el poder colonial y la historia, pero, tal cosa no debe obviar el orden nacional. De hacerlo, caeríamos en denominaciones que, aunque tengan cierto fundamento, poseen un carácter más político que estético como es la de literatura anticolonial, que describe el período actual de las literaturas del Caribe, según Wolfgang Bader.[30] Semejante actitud ha plagado los estudios literarios continentales de denominaciones llenas de un espíritu militante, que milita en todo menos en la literatura ("Literatura colonial", "anticolonial", "novela histórica", "del período oligárquico-esclavista" y otras concepciones que oscilan entre el manual de historia patria y el sociologismo ramplón tan anacrónico, que ya pasó de moda hasta criticarlo). La propia historia tiene más importancia que la del vecino; cada país vive sus propios padecimientos y logros culturales e ideológicos, que modelan su percepción de la red de confluencias e influencias, a partir de una experiencia intransferible. Recordemos que estamos hablando de islas, lo cual no es una simple precisión geográfica; puede contemplarse como una metáfora de la situación de dos literaturas que, al salir de sí mismas, prefieren navegar a tierra firme —y no se asuma esta afirmación como un juicio de valor— que a la isla vecina.

30 Wolfgang Bader. "A colonização e a descolonização da literatura o exemplo do Caribe (francés)", en *Letras de Hoje,* junio, 1986, p. 97.

## III

## BOLERO, CALLE Y SENTIMIENTO: TEXTUALIZAR LA CULTURA COTIDIANA

Kitsch y camp: el primero es mal gusto inocente, el segundo, mal gusto sin ingenuidad, mal gusto a conciencia (*La importancia de llamarse Daniel Santos,* p. 179), aventura del pop, desplante teórico de Susan Sontag. Típica actitud de intelectual de élite aducen algunos. Más fortuna terminológica ha tenido el Kitsch —respetable invención de la Alemania decimonónica— que el camp, inscrito ya en el baúl de recuerdos de los cercanos y lejanos sesenta. Mas no todas las presencias de los sesenta se difuminaron; desde entonces se ha instalado la conciencia de que después del cine y la televisión nuestra percepción estética del mundo no es la misma, y que ya ningún producto artístico puede ser contemplado sino dentro de los nuevos términos espacio-temporales de la era de la comunicación.[1] La radiodifusión y la industria discográfica construyeron un espacio cultural colectivo inconmensurable —música, las ya de capa caída radionovelas—, que configuró una posibilidad de disfrute estético inédita en la historia. Lo mismo podría decirse de la televisión —y en nuestro continente en concreto— de la telenovela, la cual sustituye —aunque no por completo al juzgar por la inefable Corín Tellado— al texto rosa, que requiere de cierta capacidad de lectura.

Tan variadas manifestaciones tienen en común su inserción en una industria cultural de inmensas proporciones, que provee de magníficos dividendos y, si medimos su éxito, de igualmente magníficas posibilidades de disfrute para el gran público. Tienen

[1] Juan Antonio Ramírez. *Medios de masa e historia del arte.* Madrid, Cátedra, Cuadernos de Arte, 1976, p. 250.

en común también ser objeto de cuestionamiento permanente por considerárselas instrumentos de alienación y homogeneización colectivas, apocalíptica declaración que se fundamenta, en parte y no sin razón, en su valor de difusores estéticamente anquilosados de ideas, conductas, visiones conservadoras que ratifican ampliamente la hegemonía perversa de las élites detentadoras del poder. Desde este punto de vista, la masa —término por sí mismo despectivo— es un ente amorfo y pasivo, receptáculo idiotizado de las invenciones y falsos conceptos bombardeados desde los laboratorios de la guerra sucia ideológica. No es que pensemos que las élites no son capaces de una operación así; simplemente creemos que la "masa", o los distintos sectores sociales para ser más refinados, no se corresponde con esta visión paternalista. Dicha visión coincide —a pesar de defender supuestamente al inerme receptor anónimo— con concepciones propias de sectores elitescos que tenían *La rebelión de las masas* como libro de cabecera, y despreciaban sin ambajes a amplios sectores de la sociedad.

García Canclini hace notar el maniqueísmo inherente a una visión que parte de la hegemonía como un ejercicio permanente hecho sobre un sector subalterno completamente pasivo[2] que —quién sabe en qué momento— quedó en una suerte de limbo cultural, aprovechado por la omnipotencia hegemónica para insuflar distorsiones en esa suerte de Adán vacío de mil cabezas que sería el pueblo (o la masa). Así, la tele y radionovela, la música, la novela rosa, el folletín, no sólo utilizan —desde la perspectiva estética de la cultura de élite— formas preteridas pertenecientes a sensibilidades remotas, la decimonónica por ejemplo,[3] sino que —desde ángulos políticos y comunicacionales— son las armas del status para vencer a la "verdadera cultura" y a las reservas morales y políticas del pueblo, sufrida víctima del bombardeo ideológico de sus opresores.

La sensación de prédica en el desierto —puesto que no ha apartado a nadie de la televisión, salvo a militantes y a expertos en el tema—, es agudizada por los coqueteos de los

2 Néstor García Canclini. "Gramsci con Bordieu. Hegemonía, consumo y nuevas formas de organización popular", en *Nueva Sociedad,* Caracas, Nº 71, marzo-abril 1984, p. 70.

3 Beatriz Sarlo. *El Imperio de los sentimientos.* Buenos Aires, Catálogo Editora, 1985, p. 16.

miembros de la cultura de élite —verdadera cultura según algunos junto con la cultura popular (ésta no siempre es incluida)— con el basurero ideológico y estético de los divertimentos de la masa. El Kitsch, ese "modo estético de la vida cotidiana" [4] que implica una socialización de los valores de la alta cultura,[5] invierte su esquema habitual de popularización para pasar a un proceso de "elitización", si se nos permite el término, que lo inserta en un sistema de producción y difusión distinto al de la industria que lo ha creado.

El término Kitsch (surgido de la producción plástica), como el de subliteratura, paraliteratura, literatura de masas, son mediatizados por su origen elitesco que privilegia sus formas de producción cultural como originales y válidas estética e intelectualmente,[6] en detrimento del conjunto de mecanismos y prácticas por las que amplios sectores participan de una posibilidad de disfrute estético. Los prefijos, perfectas fintas teóricas para lo inasible y resbaloso, prejuzgan siempre en estos casos. No se trata de valorizar indiscriminadamente las formas artísticas que tales términos definen, sino de percibirlas como un entramado en el que se conjugan prácticas culturales e interacciones sociales muy diversas.[7] Para nuestro análisis concreto preferimos aceptar un cambio en la noción de literatura,[8] que admite la existencia de sistemas literarios distintos y posibilita un estudio de sus formas de convivencia dentro de las formaciones discursivas, en una nueva correlación cultural propia de la era de comunicación de masas. Igualmente, postulamos la necesidad de entender la transformación sufrida por el concepto de cultura popular, sobre todo en su conexión con la llamada cultura de masas. Es necesario definir la cultura popular de acuerdo a su uso por determinados sectores sociales y no por su origen.[9] Si éste radica en los sectores populares —los corridos mexicanos, por ejemplo— o en la industria discográ-

---

4 Abraham Moles citado por Beatriz Sarlo. *Ob. cit.,* p. 137.
5 Juan Antonio Ramírez. *Ob. cit.,* p. 247; Beatriz Sarlo. *Ob. cit.,* p. 153.
6 Carlos Rincón. "Sobre la transformación del campo, de la crítica y la didáctica: la llamada subliteratura", en *El cambio actual de la noción de literatura y otros estudios de teoría y crítica latinoamericana.* Bogotá, Instituto Colombiano de Cultura, Biblioteca Colombiana de Cultura, 1978, p. 163.
7 Néstor García Canclini. "Crisis teórica en la investigación de la cultura popular", en *Hómines,* Nº 1 y 2, Vol. XII, 1988-89, p. 49.
8 Carlos Rincón. *Ob. cit.,* pp. 163-164.
9 Néstor García Canclini. *Las culturas populares en el capitalismo.* México, Nueva Imagen, 1985, p. 69.

fica y de radiodifusión, como es el caso de Daniel Santos, es menos importante que considerar el espacio de simbolización y convivencia colectiva que abre, para seguir con el caso Santos, el bolero en Hispanoamérica. Así, continuar separando cultura de masas y popular de manera tajante, privilegiando sin matices el corrido o las artesanías frente al bolero o la telenovela, trae aparejada la cruel ironía de que los productos de la cultura de masas son más populares que los de la cultura popular. No intentamos entregarnos a audacias pragmáticas que olviden la existencia de otras configuraciones simbólicas y cotidianas ajenas a los circuitos de la triunfante industria de la diversión; tratamos simplemente de ubicar la cultura popular como microsemiótica en la que confluyen discursos, proyectos, prácticas que varían históricamente, por lo cual no puede definirse en base a un sólo circuito de producción y difusión o en razón de las ensoñaciones sentimentales —izquierdistas o derechistas— o las trampas populistas que han hecho del pueblo —otra palabra receptáculo— su bandera.

Nuestro propósito es delinear las articulaciones entre *La importancia de llamarse Daniel Santos,* de Luis Rafael Sánchez, y *Sólo cenizas hallarás* (*bolero*) de Pedro Vergés, y las distintas producciones populares que conviven en el universo cultural puertorriqueño y dominicano, comparando la particular percepción con la que es asimilada dicha producción. Veamos, pues, cómo el coqueteo se ha convertido en una franca y descarada relación.

## LA IMPORTANCIA DE LLAMARSE DANIEL SANTOS

### *Caer en la tentación: la importancia de una escritura diferente*

Dicen algunos, Octavio Paz por ejemplo, que la poesía intuye, asume, conserva la magia de la palabra como poder instaurador del universo. Otros escépticos, Borges como siempre entre ellos, dudan de esa omnipotente capacidad demiúrgica del vocablo: la palabra es balbuceo ante el caos universal (Borges citado por Sánchez en *La importancia de llamarse*

*Daniel Santos,*[10] p. 95). Perry Anderson, al igual que otros pensadores dedicados a la inefable postmodernidad, afirma que aquí, en esta carencia, subyace lo sublime en el arte, donde el hombre reconoce la grandeza de su deseo frente a la pequeñez de la realidad.[11] Bajando bruscamente de este empíreo cultural, Luis Rafael Sánchez pregunta por las suscitaciones de un hombre, por su relevancia, por la red comunicativa que construye. Estafa metodologías, pulsa la posibilidad convocatoria, menciona y escucha. Sí, hay palabras que fundan un espacio cultural colectivo, y son capaces de despertar las plurales voces que coinciden en ese espacio: "los tejidos del rumor", nos aclara la carta de intención llamada "El método del discurso". En otros términos, hay palabras capaces de hacer volar "Las palomas del milagro" (metáfora de la inspiración cosecha del compositor Pedro Flores, p. 15), como se titula la primera parte de esta fabulación.

Y es que, definitivamente, es importante llamarse Daniel Santos.

Importante porque es "Vivir en varón" —"persistencia del mito", se afirma en el "El método del Discurso"—, persistencia de una forma de vida que liga historia e intrahistoria en el entramado de la vida cotidiana: poder ilimitado del Güevo —como dice el descarado narrador—, alzamiento genital como resistencia ante la vida. ¿Y la mujer cómo resiste? No va a los bares, no tiene falo: simplemente ella también canta y suspira por los boleros y algunas, más concretamente, por Daniel, como las nostálgicas damas de la primera parte. En esta vida pedestre de todos los días está nuestra modernidad, modernidad distinta, modernidad de un mito que no es "griego" ni es "cocido" (conmemorado y celebrado en fechas, simple pasado, p. 175). Modernidad: hilo reflexivo permanente que cruza esta fabulación.

Convertirse en mito no es sólo disfrutar del pedestal y la adoración, es también servidumbre —"las servidumbres de la fama", reza el hablante en "El método del Discurso"— es ser motivo, instrumento, situación viva en la vida ¿real?; es

---

10 Las citas responden a la siguiente edición: Luis Rafael Sánchez. *La importancia de llamarse Daniel Santos.* Hannover, Ediciones del Norte, 1988.

11 Perry Anderson. "Modernidad y revolución", en Nicolás Casullo (comp. y pról.). *El debate modernidad-postmodernidad.* Buenos Aires, Punto Sur, 1989, p. 164.

suscitar filas de boleros aspirantes a serlo, una columna de "Cinco boleros aún por melodiarse", parte final de la fabulación. Las cinco historias cubren cada una un aspecto en particular: despecho, traición, aburrimiento cotidiano, nacionalismo, erotismo; pasiones de ciudad quizás, porque el bolero nace en los recién urbanizados treinta latinoamericanos.[12] Pero ya no pertenece a ningún ámbito particular; ni siquiera exclusivamente al amoroso, postula el narrador representado en un tal Luis Rafael Sánchez, todo despecho, vellonera y copas por la situación de "Mi (su) borinquen querido" (p. 169). La servidumbre hace al bolero, a Daniel, pretexto y vía para diversos pensamientos, actitudes y momentos de la vida (juventud, vejez); hasta para la parodia y cuestionamiento de metodologías, incapaces de entender las suscitaciones modernas de un nombre, la tristeza nuestra: dramón (y del bueno, a lo Shakespeare, que sabía de sus poderes sobre la gente, p. 99), telenovelas, radionovelas, folletín, lo cursi que abriga (p. 58).

Pero si esta fabulación parodia metodologías, quiere decir que postula un objeto de investigación, construido a través de la suplantación del experto. Se asume con descaro la impostura de aparentar cierto rigor; rigor carente, sin embargo, de los arrestos de seguridad teórica de la rigidez disciplinaria. Se plantea entonces la existencia de un método no teórico-no genérico-ficcional; hay una exploración de los límites de la teoría y de la narrativa, una duda respecto a esos límites interdiscursivos; un afán de mostrar y no probar. "Una escritura diferente", una reflexión desde otras premisas, dice Derrida al hablar del estudio del lenguaje y de la práctica de una nueva escritura. Evitar la neutralidad, el ascetismo, la teorización *per se*: evitar la trampa mimética, darle pábulo a la inventiva [13] (recordemos: es una fabulación, *jamás* una biografía, p. 63). Jugar con el lector, proponer teorización y ficción, plantear un método: "El método del discurso", en el que se describe un modo de abordar los materiales narrativos y se aduce la

---

12 Néstor Leal. "La canción romántica del Caribe (1930-1960)", en *Cultura Universitaria,* Caracas, Departamento de la Dirección de Cultura de la Universidad Central de Venezuela, N° 109, 1988, p. 8.

13 "Algunas preguntas y respuestas" (entrevista a Jacques Derrida), en Nigel Fabb, Derek Attridge, Alan Durant y Colin MacCabe (comp.). *La lingüística de la escritura.* Debates entre lengua y literatura. Madrid, Visor, Lingüística y conocimiento, 1989, p. 263.

existencia de fuentes de investigación —discos por ejemplo—, en prueba de que se acepta la tentación de la teoría. Se deja claro, eso sí, que es un modo puesto al servicio de la ficción, y como quien organiza los materiales de la ficción es el hablante básico, en este texto la voluntad constructiva se desnuda y evidencia, sin el recato propio de la buena literatura —canonizada o no— a la que estamos acostumbrados:

> Después, solo y desconfiado, perfeccionándome la neurosis de la insatisfacción, entrevisté los fantasmas de mi libre hechura, forjé cartas con lejanas remitencias, mentí copias textuales de conversaciones apócrifas para que me nutrieran de especulación. Después concerté diálogos de una afectación verosímil y falsifiqué los dejes de la América amarga, la América descalza, la América en español que idolatra el personaje en que culmina su persona. Después di libertad a las palomas del milagro —el compositor Pedro Flores renombra a la inspiración con la imagen de palomas del milagro. Después asedié el ceremonial de vivir en varón. Después, a la manera apoteósica del fin de fiesta revisteril, construí cinco letras de boleros aún por melodiarse (p. 15).

Esta suplantación del ejercicio teórico a través de la explicitación de una metodología sin fines científicos y ella misma fabulación, se evidencia, igualmente, en la "Despedida. Saqueos, discografías, muchísimas gracias". El hablante aclara, cual bibliografía al final de una tesis aburrida, la impertinente intertextualidad saqueadora del texto, mencionando escritores, compositores y discos. Sus fuentes literarias, ironizando probablemente el concepto tan de moda de intertexto, son una larga lista que incluye desde Sor Juana a Carmen Lugo Filippi, pasando por Proust, Kafka, Carpentier y pare de contar. Sus fuentes, en suma, son un universo cultural complejo y contradictorio, al que se alude, cita, plagia, redimensiona.

¿Y qué hay de las sugerencias de lectura? Género mestizo —tercia el hablante— sin "ninguna regulación genérica" (p. 16). "Género anfibio" postula Manuel Maldonado-Denis en la contraportada, quien por otra parte, y contraviniendo las resistencias biográficas a las que ya aludimos, asegura que es un texto autobiográfico y una biografía fabulada (¡!). "Novela", solemniza Julio Ortega, y además, "postmoderna".[14] "Fabula-

[14] Julio Ortega. "Teoría y práctica del discurso popular (Luis Rafael Sánchez y la nueva escritura puertorriqueña)", en Julio Ortega. *Reapropiaciones.* Cultura y nueva escritura en Puerto Rico. Río Piedras, Editorial de la Universidad de Puerto Rico, 1991, p. 9.

ción", machaca el texto: ¿habrá que creer en lo que explicita un texto sobre su propia naturaleza? ¿Tales definiciones no son fabulaciones ellas mismas? La insistencia en guiar la lectura, en dejar claramente establecido el contrato con el lector, ¿implicará una duda sobre las posibilidades del texto como ficción, evidenciando un temor a que la suplantación y coqueteo con el discurso teórico, la parodia del reportaje periodístico, las pequeñas crónicas de la última parte y la presentación de las fuentes sustituyan, siendo ficción, al planteamiento imaginativo mismo, y en su impostura —muy creadora por cierto— proclaman como cierta su apariencia de prácticas no literarias? Suponemos que sí, que este temor, esta duda, existen; riesgos, a decir verdad, de la escritura diferente, de teorizar-ficcionalizando/ficcionalizar-teorizando. ¿Qué decir de los comentarios y explicaciones? ¿En contacto con la ficción, conviviendo con ella, ficción ellos mismos? Creemos que básicamente hay la apertura de un espacio interdiscursivo que se arriesga a suplantar, como ya dijimos, la investigación por la ficción pero sin dejar de acercarse a los intersticios de la teoría, corolario y base a la vez de todo proceso de indagación, por lo menos desde el punto de vista de las prácticas que construyen y deconstruyen el espacio de lo cultural. Hay así un cuestionamiento a fondo de los criterios de verdad y verosimilitud, praxis discursiva canonizada, suficiencia teórica como dogma. La sugerencia de lectura del hablante es la correcta: fabulación, subversión inventiva de un mito, de la teorización sobre la modernidad, de la cultura popular cotidiana, barriobajera. Fabulación que no es adjetivación —biografía fabulada—, ni necesita ser explicada con cualquier otra convención genérica. Es, simplemente, una puesta al día de los poderes de la palabra y la invención transformados en una praxis irreverente y desacralizadora.

### *¿Una Menipea del Caribe "sato, raso, populachero y al natural"?*

Nada más lejos de nuestra intención que darle una tranquilizante definición al texto de Sánchez. La mixtura teórica suele ser más indigesta que la literaria; nada más riesgoso al abordar una obra, y a la vez nada más tentador, que ejercer la libertad de las analogías y conexiones críticas. Pero no nos fue posible escapar al influjo de la manía intertextual y de sus conceptualizaciones, incluso de la usada vuelta a usar, cuestionada o alabada lectura de Kristeva a Bajtin, favorito de un sector de nuestra hermenéutica continental. La propuesta que nos interesa para nuestro abordaje es la menipea, que se remonta a los primeros siglos del cristianismo.

> es... una exploración del lenguaje (del sexo, de la muerte), una consagración de la ambivalencia, del "vicio".
> [...]
> Género englobante, la menipea se construye como un empedrado de citas. Incluye todos los géneros: cuentos, cartas, discursos, mezclas de verso y prosa cuya significación estructural es denotar las distancias del escritor con respecto a su texto y textos. El pluriestilismo y la pluritonalidad de la menipea, el estatuto dialógico de la palabra menipea explican la imposibilidad que han tenido el clasicismo y toda sociedad autoritaria de expresarse en una novela heredada de la menipea.
> [...]
> Construyéndose como exploración del cuerpo, del sueño y del lenguaje, la escritura menipea aparece injertada en la actualidad: la menipea es una especie de periodismo político de la época. Su discurso exterioriza los conflictos políticos e ideológicos del momento.[15]

Las coincidencias son evidentes a la primera mirada: lumpen, transgresión genérica, intertextualidad masiva, reflexión al borde de la tendencia académica, antioficialidad. La función es semejante: delinear contornos y límites, sin precisar un centro definitivo, permitiendo la contradicción, asumiendo la verdad como "racionada" (p. 14) o incluso, y en un sentido más contemporáneo, como construcción:

> Una prosa danzadísima me impuse, una prosa que bolericé con vaivenes. Los apremios de la carnalidad, el cuerpo que tatúa otro cuerpo con los filos de la caricia, la legalización de la cursilería, las absoluciones del melodrama, son algunos de los escaparates verbales que iluminó tal imposición. También los antiheroísmos lumpenales. También el trasiego de gemidos por las lenguas guerreras de los amantes (p. 16).

---

15 Julia Kristeva. *Semiótica 1.* Madrid, Editorial Espiral/Ensayo, 1978, p. 216.

La afirmación de la probable sabiduría teórico-crítica del autor, evidente en más de un sentido, podría ser una vía fácil para articular la desnuda voluntad constructiva del hablante a proyectos estéticos de añejo sabor y, por supuesto, echar el texto a bailar la mascarada de la carnavalización, instalada, con mayor o menor acierto —y con infortunio también— en un universo literario latinoamericano tan amplio que el concepto de esclarecedor pasa a recipiente. Nuestro objetivo, más bien, es evaluar los aciertos y empeños de la transgresión genérica y de la hibridación en un contexto que poco tiene que ver con la menipea antigua e impone una reflexión sobre la modernidad desde el centro mismo de las teorías —psicológicas, literarias, antropológicas—, en una suplantación de su función racional de búsqueda de la verdad por la sinuosidad y efectividad de la puesta en escena de la ficción. Este desplazamiento funcional-discursivo de la teoría es un arma literaria que al transgredir los géneros indica el cuestionamiento a una racionalidad determinada. La parodia del título de la obra cartesiana que sirve de identificación a la introducción del texto no es una simple casualidad. La ruptura genérica postulada por la menipea —al borde de la cultura oficial— y que posee especial intensidad en *La importancia de llamarse Daniel Santos,* hecha desde el centro mismo de las prácticas discursivas canonizadas y producto de un violento desplazamiento y subversión de las mismas, llevadas al terreno de lo cotidiano y concreto, implica, y esta es la conexión fabulación-menipea que nos interesa, un universo cultural en crisis, que busca nuevas vías de exploración.

Un ejemplo en este sentido es la función de los boleros. Son citados por su título, completos o en alusiones: "Veintiún boleros replican mi prosa, intermedian los trozos narrativos o los mosaicos constructores de la fabulación" (p. 202). Centro de una reflexión sobre el vivir americano, se privilegia del bolero su carácter de verdad cultural indiscutida —"verdad racionada"—, y se asume que sus resonancias sociales —que ya desbordan el ámbito de la sentimentalidad privada y de la industria disquera—, permiten incluso construir una ficción a partir de la práctica metatextual o comentario reflexivo en torno a cada fragmento de una canción. En "Vivir en varón" se teje un discurso sobre la modernidad y el mito hábilmente engarzado y suscitado por los trozos bolerísticos. "Usted es la culpable", por ejemplo, recrea la particular relación del mito Daniel con el público. La lectura de los fragmentos —cuya conexión con sus estrofas no es sencilla de aprehender en diversas ocasiones— es sinuosamente conducida por percepciones, síntesis, pistas, en las que el narrador nos insinúa su punto de vista sobre lo narrado, indicándonos, muy discreta aunque irónica y hasta burlonamente, que las impresiones instintivas, los gestos inmediatos y convencionales del bolero son capaces de deslizarse en el ámbito de la reflexión teórica, realzándose así la centralidad de esta manifestación musical en nuestra cultura. Veamos un ejemplo:

*"Si es que la gente*
*Te ha hablado mal de mí"*

> El autor ejerce el derecho a que la cursilería lo abrigue. El autor ejerce el derecho a citar un tango que ha visto bailar contra un ocaso amarillo por quienes eran capaces de bailar otro tango, el del cuchillo (p. 58).

Además del intertexto analizado, otra vía de exploración es la inserción explícita al ámbito de la polémica teórico-cultural y social: nos referimos en concreto a las discusiones sobre aspectos como la cultura popular o de masas, los mitos colectivos y Freud, los desplantes de izquierda y de derecha, el machismo, la teoría literaria, los límites de la escritura. En este sentido, la fabulación se estructura como conflicto y polémica permanente, cuya finalidad es comprender e inventar por la escritura a Daniel Santos mito, en términos de su modernidad y como red comunicante de un espacio hispanoamericano. La dificultad de construir y deconstruir el mito trae aparejada la desconfianza ante los cánones, cerrados a la ambivalente y dados a la abstracción y a la generalidad que embotan cualquier filo no pasible de articulación causal y lógica en un sistema teórico dado. Así, y ante la exuberancia y fuerza cotidiana del mito, no queda entonces sino la transgresión.

Pasemos ahora a las causas de tanta insubordinación: la modernidad y el mito, protagonistas de *La importancia de llamarse Daniel Santos.*

En "Las palomas del milagro" se inventa un proceso de recolección de datos, al estilo periodístico, que pone en el tapete la reescritura y selección narrativa a la que se somete todo testimonio, y que sólo la ficción, y en este caso concreto, la fabulación, reconoce como intermediación permeada de intenciones. La intencionalidad de imaginar distintas voces que suenan de golpe a la sola mención de un nombre es construir el mito a partir de la dispersión de una cultura urbana popular, que funciona como una red de significaciones,[16] en la que confluyen discursos, expectativas, definiciones diversas y contradictorias. La cultura urbana popular no es una instancia dada; son las prácticas discursivas académicas y sociales las que delimitan su definición. La insuficiencia de éstas para la comprensión del mito, como ya hemos señalado, impele a audacias fabuladoras, capaces de rescatar la experiencia íntima de alguna inquieta abandonada por el Anacobero; el sorprendente acuerdo entre un marielito y un fidelista: como Daniel, nadie; la admiración de Trujillo y su archienemigo, el negro dominicano Persio Almonte. Izquierda y derecha, marginales de ambas tendencias —y no tan marginales—, construyen el mito con sus testimonios forjados. Poco a poco se nos perfila el superhombre: amo de las mujeres, jefe de los hombres, Orfeo lascivo que lleva, en vez de buscar, a Lolitas y a maduras al infierno, pero sin decírselo a nadie porque la discreción es ley de varón. Lejos del pecado "nefando" (homosexualidad) y como varón castigador, cumple el sueño del patriarcal y antimujeril escritor René Marqués: independentista puertorriqueño, misógino, antifeminista y sin riesgo de emasculación por culpa de mujer alguna. Copas, bolero, cárcel; trinidad de barrio bajo que abre, marca hitos en la vida urbana hispanoamericana. La voz de Daniel calma los padeceres, iguala en corriente populachera a ricos y pobres. Sus canciones han construido un mapa sin fronteras que la praxis política no ha logrado. El hablante en la introducción le concede peso preferente al decir que la verdad racionada del texto son los boleros de muy distintos compositores que Daniel popularizó en su alcohólico y lúbrico peregrinaje caribeño y continental. Esa verdad exenta de verosimilitud, excesiva, desbordante, es el lugar de encuentro colectivo de la cultura popular, que desde su concreta cotidianidad prefigura y vivencia el mito.

"Vivir en varón" intenta "desarmar", según nos dice el narrador, tal mito, labor más difícil que "anestesiar un pez,

16 Edmond Cross. *Literatura, ideología y sociedad*. Madrid, Gredos, 1986, p. 49.

operarlo y extraerle las tres letras" (p. 76). ¿Por qué esta intentona deconstructiva, para usar el término de moda?

> Repertorio de canciones manifiestamente razonadoras del machismo como privilegio sobrenatural; un machismo tan orondo, tan seguro de sí, que se permite la mea culpa tagencial, un suponer —"Ese hombre se merece de castigo, Ser esclavo de mujer que nunca siente, De mujer sin corazón". Lector, ¿entiende ahora por qué camino estas zarzas tras comprometerme a desarmar un mito raso y sato, un sueño populachero y al natural? Lector, ¿entiende ahora por qué viajo en la guagua trotona por donde se enjambra la modernidad y sigue, derechita, hacia las otras paradas que fragmentan la totalidad? Hacia al nombre como talismán. Hacia los poderes de la música. Hacia la bohemia como sistema. Hacia la vellonera como recetario para incautos. Hacia la Noche Nuestra Que Está Acá En *Los Suelos*. Hacia los mil y un tics del macho (p. 87).

La vida del varón es la fuente que alimenta al mito y lo hace aparentemente imperecedero. El varón joven se asila en el sentido familiar, la putería, el alcohol y una inequívoca y brusca gestualidad que, entre otros tics, pronuncia la bragueta con el ardid de las manos en los bolsillos. El barrio bajo es puerta a la cárcel y devorador de opciones; el vivir en varón es una forma de resistencia, es vellonera, bolero y melodrama. Religión latinoamericana, el machismo es el hilo conductor de una geografía humana y social que hermana a izquierdistas y derechistas, blancos y negros, ricos y pobres, caribeños y andinos. Daniel Santos es un mito porque se alimenta de esa religiosidad que atraviesa clases, culturas, mares y tierras. Transgresor de una moral pacata y encubridora, a la vez articula un discurso del poder que nutre dictaduras, tics, evasiones, violencias inútiles, cercenando hasta la posibilidad de reivindicación y vindicación de los derrotados. Dualidad, doble faz de un ensueño colectivo y múltiple, como lo cultural mismo. El narrador, cuestionando y corrigiendo a Joseph Campbell —el mitólogo— y a Sigmund Freud —el surrealista (p. 77)—, expone,

> Lo que atrae del mito, del sueño público varía de soñador en soñador. La prestancia con que se está en sí, el garbo, ilusionan a unos, constituyen su fascinación, el hechizo de la imagen que más quieren. El talento que resalta ilusiona a otros, el talento incomparable, el talento que no pierde resolución y empuje frente a las modas contrastantes. A otros los seduce la conducta hecha

norma, modelo, forma —aunque la norma se divierta en la antinorma, la forma en el desorden puro y el modelo se descontinúe. A otros el aura que no se atiene a la lógica, el aura sensual que brota de los predestinados. El mito se inmortaliza en el gran teatro de las simpatías afines, el gran teatro de las obsesiones. El sueño público exhibe su eternidad en el museo de la memoria colectiva (p. 78).

¿Y cómo despliega su poder este sueño público? "Cinco boleros aún por melodiarse" nos remiten a una atmósfera cultural que se articula alrededor del melodrama, la tele y radionovela, el folletín. Cinco historias por contarse que exigen una estrategia particular, una estrategia que el hablante básico considera difícil sin la mano maestra y convincente de Corín Tellado (p. 162). El veterano de guerra puertorriqueño aburrido del matrimonio y del quehacer diario; el maracucho vendedor de discos, desleal a un amor sin límites; la nostalgia de borinquen y el dramón del nacionalismo; los latinoamericanos —"que nos queremos tanto"—, pero que somos tan distintos, unidos en la música —órficos (p. 102)—; la juventud y el erotismo. Historias diarias con un fondo común: la voz de Daniel Santos, atado a la servidumbre de deleitar o calmar los padeceres en pequeñas y grandes tragedias y alegrías. Ese fondo es el que condiciona las estrategias discursivas adecuadas para esas historias, porque implica una "educación sentimental" que impregna los comportamientos y sugiere formas expresivas acordes con las ensoñaciones del colectivo. No es difícil inferir el porqué se proponen los códigos de la cultura popular urbana como opciones al momento de vehicular las pasiones comunes de la calle. "Las servidumbres de la fama", recordando la sugerencia del hablante en "El método del discurso", funcionan también como servidumbres estéticas —rechazadas en mayor o menor grado por el escritor de élite, aún en momentos de atrevidísimo coqueteo con ellas como en este caso— las cuales proveen esa clave intrahistórica imprescindible para aprehender los recovecos y escondrijos de realidades rebeldes muchas veces a modificaciones o a conceptuaciones macroestructurales. No en balde, asegura el narrador, el Caribe es una historia de folletín y de bolero (p. 104).

La construcción, desarme y despliegue del mito es esa clave necesaria a partir de la cual el narrador interroga nuestra propia modernidad, no *la* modernidad sino una de ellas, la hispanoamericana. Tanto la definición de modernidad como las reflexiones fabuladas —¿fabulaciones ellas mismas?—, son ambivalentes y su mayor cualidad no es su consistencia, sino su atrevimiento al establecer analogías resbaladizas y echar al ruedo la posibilidad de una práctica capaz de construir un discurso sobre lo cultural, aceptando la contradicción y la intersección en lugar de apasionarse por el riguroso despliegue analítico. Este planteamiento explica, además del ángulo de indagación sobre la modernidad, la abierta y reconocida ambigüedad desde la que se percibe el mito: machismo, subversión, talento, cultura popular continental, evasión de la realidad circundante, deleite de la intimidad, el amor como enfermedad y escape inevitables, los sueños de la muchedumbre en la sociedad urbana.

Se apoya el narrador para su disertación con una definición de diccionario: modernidad como subversión y propone que Daniel Santos es nuestra modernidad:

> Modernidad áspera y dura, discrepante y agresiva en un continente amargo y descalzo que habla el idioma de mendigar y de pedir. Dureza, aspereza, discrepancia y agresión en que se reconocen los que dan la existencia buscando un poquito de felicidad, los que no tienen en qué caerse muertos (p. 59).

Esta modernidad es vida cotidiana y, sobre todo, barrio bajo, condición plebeya que se resiste a la domesticación, vitalidad "parecida a la insubordinación" (p. 64). Ansioso de desorden y desborde, el Daniel Santos fabulado marcaba su diferencialidad, pecado nefando en el catecismo de las dictaduras de izquierda y derecha (p. 63), quienes coquetean con la modernidad pero no con su semilla de disidencia. Así, el mito exhibe su insubordinación a un orden definitivo. Recordemos además, que el bolero es urbano; Santos es, pues, un mito urbano, en un ámbito privilegiado del despliegue de la modernidad. Mas, simultáneamente, la otra cara —el machismo— destruye el discurso sobre ésta como totalidad, mostrando la convivencia de formas de vida y contradictorias visiones de mundo que paralizan la subversión y la desdibujan hasta convertirla en gesto, en tics de la vanagloria de vivir en varón.

Nuestra modernidad no es, pues, una e indivisible. La cultura popular urbana la resquebraja, perfilando en sus héroes la simultaneidad y la fragmentación. Esta fabulación falsifica metodologías, procede a construir su mito (objeto de estudio), busca los motores de su funcionamiento, duda y no le importa, observa su acción, y desplaza el punto de partida indagatorio, nuestra modernidad, del terreno de las ciencias sociales, las prácticas estéticas de élite y otras prácticas oficializadas y oficializantes, a los vericuetos de la calle.

## SOLO CENIZAS HALLARAS (BOLERO)

### *Los boleros y la política esparcen cenizas*

El dramatismo punzante de los boleros requiere que sean titulados, generalmente, con aquella palabra u oración que se repita con frecuencia en el texto o, mejor aún, que sintetice el desgarramiento o felicidad que lo impregna. La canción "Sólo cenizas hallarás" entra perfectamente en la segunda categoría. Cenizas es la consecuencia, en apariencia irrelevante y efímera —pues se esparcen o desaparecen con facilidad— de un voraz incendio, capaz de destruir desde maravillas arquitectónicas hasta cuerpos humanos. Pero no son irrelevantes las cenizas, sobre todo cuando se impone su uso metafórico en la guerra amorosa o, ya no tan metafóricamente, en los resultados de las guerras sociales y colectivas. Cuando una novela condiciona nuestra perspectiva de lectura, lanzándonos, inmediatamente después de su título y como parte de él, una definición genérica de inmediata resonancia para cualquier latinoamericano: "(Bolero)", la reminiscencia pasional y popular surge de inmediato y nos prepara para el abordaje de quién sabe qué dramón o qué burla, propios de los saltos lúdicos de la vagamente llamada literatura del postboom. Pero si, además, el título completo de un texto es *Sólo cenizas hallarás* (*bolero*),[17] intuimos que, burla o dramón, se nos hablará de una catástrofe de inciertas proporciones.

Respecto a *Sólo cenizas hallarás* (*bolero*), de Pedro Vergés, se ha señalado que la sugerencia genérica "bolero" se conecta con la intención de construir un romance popular, ligado

[17] Las citas efectuadas responderán a la siguiente edición: Pedro Vergés. *Sólo cenizas hallarás* (*bolero*). Santo Domingo, Editora Taller, 1984.

dialécticamente a la insistencia en presentar una realidad sociopolítica en crisis.[18] Podría hablarse de romance popular, tomando en cuenta el amplio radio de acción del bolero y sus connotaciones amorosas, y el irónico protagonismo concedido a los sucesos de pareja en la novela. Mas, estructuralmente hablando, el bolero —al igual que el romance, aunque menos extenso y narrativo— es bastante simple y es producido sobre todo en función de la música; [19] la narración estudiada posee cierto grado de complejidad composicional —ruptura de planos temporales, y de las secuencias correspondientes a cada personaje, a la manera de un montaje cinematográfico—, que se confronta con la sencillez de la canción romántica y con la linealidad del romance, cuya versión moderna sería la novela rosa. Tal estructura indica un distanciamiento respecto a este género, adhiriéndose al texto a estrategias propias de las rupturas de los años sesenta en América Latina, las cuales remiten al lector a formas de escritura de índole contemporánea, a diferencia de la novela amorosa, usufructuaria de formas estéticas superadas desde principios de siglo por la cultura de élite.[20]

En un primer momento, la proposición genérica "bolero" nos procura entonces una comprensión temática del texto, de sus conflictos a nivel de personajes y de la importancia de la música en la educación sentimental de éstos como miembros de una comunidad caribeña; leído el relato, se evidencia que en el texto se han desplegado estrategias que fracturan la linealidad cronológica, enfrentando su primera insinuación genérica y mostrando la existencia de dos planos: géneros populares/comentario político-social. Veamos estos fragmentos, dedicados a la heroína rosa de la novela, la hermosa Yolanda:

> Unas veces iba con uno, otras con otro, siempre halagada, siempre contenta, intentando escapar de sí misma por el fácil camino de la diversión. Le parecía vivir como en una burbuja de cristal, maravillada y *al mismo tiempo temerosa de que en cualquier momento la realidad golpeara con su puño de hierro aquel fino y transparente tabique, a través del cual ella miraba al mundo con todas sus miserias sociales y políticas sin importarle nada, sin querer saber nada* (p. 30) (las cursivas son mías).

18 Arnaldo Cruz Malavet. "La historia y el bolero en 'Sólo cenizas hallarás (bolero)'", en *Revista Iberoamericana,* Pittsburgh, Nº 142, Vol. LIX, enero-marzo 1988, p. 64.
19 Néstor Leal. *Ob. cit.,* p. 8.
20 Beatriz Sarlo. *Ob. cit.,* p. 16.

Este trozo transparenta perfectamente la existencia de los dos planos que señalamos anteriormente. Ya a este nivel, percibimos que el título recoge las dos instancias, metafórica y no tan metafórica, de las que hablamos anteriormente: una verdadera debacle pasional donde los vínculos se deshacen entre los humeantes o polvorientos restos de un país después de tres décadas de dictadura. El intertexto con la canción es revelador: en ésta, el/la abandonado(a) habla de las cenizas que quedaron de su amor, en franco reproche a ese o esa amante que vuelve a solicitar sus favores, intentando recoger "las ruinas que tú misma(o) hiciste". En otras palabras: hay un(os) culpable(s). La dictadura, la riña por el poder y la ausencia de una conciencia colectiva, capaz de impulsar al individuo más allá de sus necesidades individuales e inmediatas, serían esos culpables. En este contexto, la conducta de los personajes incide directamente en que los proyectos propios y la vida colectiva, estrechamente unidos aunque ellos no lo deseen entender, se conviertan en cenizas.

En este sentido, hay que tomar en consideración que el espacio temporal de la novela está signado por la agitación política y social a raíz de la caída de Trujillo, en el lapso transcurrido entre el asesino del Jefe y la victoria de Juan Bosch en las elecciones de diciembre de 1962. Durante este período se patentiza cómo las esperanzas de transformación nacional se vieron en entredicho cuando aún República Dominicana no había salido del asombro y comenzaba a aceptar la posibilidad de un nuevo destino. Ya en septiembre de 1962, el personaje Altagracia Nogueras habla del desengaño de la juventud, que comienza a emigrar —por supuesto a EUA— al igual que su hijo Freddy, quien, por cierto, es el único personaje que cumple sus objetivos vitales, por supuesto fuera de la isla, fenómeno que deja claramente establecida la intención de presentar la sociedad dominicana como un círculo vicioso, sin alternativas. Lucila, la sirvienta, después de su aventura capitalina, que la dejó igual de pobre que antes de ésta y con un embarazo, vuelve al rancho de su padre en pleno campo. El Teniente Sotero de la nada del barrio bajo salió a pasear sus sueños de empresario y político, para regresar a esa nada. Yolanda olvida sus fantasías amorosas y matrimoniales con Wilson, en pos de una experiencia erótica intensa y con la intención de regresar a Estados

Unidos. Las aspiraciones individuales son obstaculizadas y destruidas por un contexto adverso, imposible de transformar, entre otras razones, por la negativa de los personajes a comprometerse y mirar más allá de sus narices. El Jefe, como símbolo del anquilosamiento nacional, siguió vivo a pesar de su asesinato.

Otra guía de lectura es la contraportada, pues esta influye en el primer acercamiento a un texto.[21] Efectivamente, la contraportada de *Sólo cenizas hallarás* (*bolero*) la tipifica como obra impregnada de los modos y gestos de la novela rosa, con el fin de postular una crítica social. En principio, y por lo que expresamos en líneas precedentes, es una definición conveniente pero no suficiente; por otra parte, una contraportada no puede ahondar en los contradictorios vaivenes de un texto cuya finalidad crítica se articula a partir de un producto despectivamente ubicado en la subliteratura, en lo no artístico. Arnaldo Cruz M. postula que desde el punto de vista estético podría considerarse una antinovela[22] del género novela rosa, con una finalidad ridiculizadora del mismo y con el desnudamiento de su cara alienante y su acción como instrumento de evasión. Así, los personajes caen víctimas de sus ensoñaciones amorosas y de sus delirios de grandeza —casos del teniente Sotero de los Santos y de Lucila la sirvienta, sobre todo. No obstante, si bien la antinovela plantea las consecuencias de no ubicarse en la realidad e interiorizar las propuestas de la ficción,[23] con la consiguiente desintegración personal de los protagonistas, no plantea en rigor la imitación más o menos exhaustiva de los recursos estéticos que configuran el género al que se confronta, más allá de presentarnos a personajes en franco delirio debido al consumo de cierto tipo de literatura.

En *Sólo cenizas hallarás* (*bolero*) la imitación del estilo de la novela rosa es parte fundamental de su proyecto narrativo, lo que nos conduce a la noción de pastiche[24] de un género. Además, en el texto estudiado más que un personaje enceguecido por la locura y los libros nos encontramos, en todo caso, con una cultura colectiva delirando por cuenta de boleros, novelas rosas

---

21 Gerard Genette. *Palimpsestos. La literatura en segundo grado.* Madrid, Taurus, Serie de teoría y crítica literaria, 1989, p. 11.
22 Arnaldo Cruz Malavet. *Ob. cit.*, p. 69.
23 Gerard Genette. *Ob. cit.*, p. 187.
24 *Ibid.*, p. 31.

y promesas utópicas de regeneración nacional: Yolanda y Sotero, respectivamente, simbolizarían los efectos de ambas instancias. Altagracia configuraría la perspectiva crítica, proverbial de la antinovela. Con todo, no podemos clasificar a Yolanda y Sotero de locos, al estilo Quijote o Bovary —para utilizar dos lugares comunes de la crítica en este sentido—; actúan, más bien, dentro de un contexto carente de oportunidades, penetrado por el "American Dream" —como el personaje Freddy, especialmente— y por los gestos de una educación sentimental melosa de clase media, y en estado de deterioro por los efectos de una dictadura y la carencia de un proyecto viable en el presente. Básicamente, el proyecto narrativo de este texto no se centra en la crítica a un determinado tipo de ficción —función primordial de la antinovela—, al que se cuestiona, sin duda, al ridiculizarlo, sino a los niveles a que puede llegar el individualismo, orquestado por la cultura de masas, como freno de la acción colectiva.

Una temática de esta naturaleza requiere de una estrategia que conecte al lector con la trivialidad de lo cotidiano: ¿qué más trivial que la subliteratura, vista desde la perspectiva de la cultura de élites? Este uso, como veremos después, no cuestiona simplemente sino que también prestigia unas estrategias discursivas cuyo impacto emotivo y fácil recepción (función conativa-emotiva)[25] facilita, por contraste con la crítica del narrador, el entendimiento de un universo sin alternativas.

## *El coro bolerístico*

El pastiche posibilita —en este caso concreto— connotaciones más amplias que el cuestionamiento a fondo de un género. Pero la imitación del género rosa no plena toda la narración; en muchos momentos se abandona tal imitación "masiva" y se incluyen otros registros, tanto por el imperativo de abrir un espacio crítico —caso Altagracia, único personaje dotado de clara conciencia de la situación—, como por romper el reducido ámbito edulcorado de la novela rosa, subvirtiendo su

---

25 Myrna Solotorevsky. *Literatura y paraliteratura.* Gaithersburgh, Ediciones Hispamérica, 1988, p. 12.

moralismo habitual con alusiones sexuales, situaciones y groserías que dan al traste con los límites temáticos y la retórica propia del género. Aunque se mantiene la importancia de lo sentimental, tal elemento es confrontado y desmitificado a través de la intervención de situaciones provenientes de la cotidianidad barriobajera: relación Sotero/Conchita o el habla pretenciosa de Lucila, la sirvienta; de códigos propios de la retórica machista: las conversaciones entre Freddy y Wilson sobre reales o imaginarias proezas de alcoba; o con comentarios e intervenciones del narrador acerca de la realidad político-social. Incluso, el lenguaje varía en relación a cada personaje. Por ejemplo, el lenguaje de las secuencias dedicadas a Yolanda, lleno de clichés, varía durante el desarrollo de las acciones hasta fracturarse por completo y llenarse de la crudeza descriptiva, propia de esos best-sellers donde la maldad campea mezclada con el desenfreno sexual.

> Cómo pudo acceder a semejante entrega, carente de todo sentimiento profundo y verdadero sería una de los grandes enigmas de su vida, pero lo cierto es que accedió, comprendiendo desde aquel entonces —a nivel de la práctica— que el cuerpo y el alma no son simples palabras sin sentido, entelequias que se inventa la gente, sino dos realidades que se complementan para crear el verdadero Amor (ese que algún día lograría encontrar) o se separan y producen, precisamente a causa de esta separación, el deseo más voraz e insaciable (p. 26).

> Venganza apache denominaban ellos [Yolanda y Carmelo], pegajosos de saliva y sudor, a aquella retahíla de mentiras perfectamente coordinadas en que, siempre por medio de Carmelo, Sotero aparecía como el maipiolo, celestino o alcahuete del coronel Santiago, Wilson como un maricón de ratos libres, con direcciones exactas de quienes lo atendían en sus necesidades, y la misma Conchita como una abortadora de primera que hasta le había sacado a Esther un muchacho de Wilson —bisexual, por lo tanto. Yolanda se reía de sus ocurrencias, que no se limitaban a las mencionadas, detrás de cada una de las cuales siempre quería que Carmelo (no se sabía por qué) la llevara a la cama y se lo introdujera sin preámbulos —si aún le quedaban fuerzas— (p. 383).

Así mismo, los diálogos, antes mencionados, entre Freddy y Wilson confrontan la retórica rosa utilizada en el texto al mezclar chistes con mentiras y verdades que aluden a lenguajes y actitudes poco ortodoxos con el comedimiento moral propio de obras hechas para la sensibilidad femenina. Hay aquí una propuesta subvertora que intenta contaminar, confrontar y sustituir las etéreas tonalidades de la novela amorosa por códigos propios de la condición masculina, desmitificando así al héroe de novela rosa por excelencia que es Wilson:

—Pues te lo voy a contar —dijo Wilson y frenó para aumentar el suspenso de lo que venía a continuación—. Subió sin blumen.
—¿Sin blumen?—
—Sin blumen, tal como suena. ¿Y tú sabes lo que hizo?
—No. Qué. Cuidado con ese heladero.
—Se sentó en la banca inclinada, abrió las piernas y me preguntó si me gustaba. Yo le dije que sí.
—¿Y después?
—¿Tú que hubieras hecho en mi lugar?
—No sigas. Te comprendo.
[...]
—Pues hermano —dijo Freddy de pronto—. Te jodiste.
—¿Se puede saber por qué?
—Hembra mamada, hembra pegada (p. 162).

Todos estos registros distintos conforman un bolero a coro, cuya complejidad no obedece a una premisa central del género rosa, como es el monótono fluir de una sola voz, dotada de un registro permanente. Cada personaje es particularizado a través de una voz que implica mayores o menores distancias[26] de parte del narrador y expresa sus valoraciones intelectuales y morales. Esta pluralidad no debe confundirse con una multiplicidad de puntos de vista, la cual implicaría que no hubiese un centro narrativo capaz de generar una perspectiva única en el texto, puesto que los comentarios críticos y políticos que funcionan al borde mismo de la ficción, hablan de una visión crítica, hasta monolítica, de la cultura de masas —especialmente de la dulcificada por la clase media—, y del individualismo de los protagonistas. En realidad, estas voces narrativas distintas

[26] Las distancias se establecen entre distintos elementos del texto. Pueden ser de autor implícito a narrador, de éste al lector implícito, de narrador a personaje, de autor implícito a personaje. En relación a Vergés nos interesan las existentes entre narrador y personajes. Dichas distancias pueden ser: a) afectiva y moral, lo que implica diferencias en cuanto a juicios de valor y visión de mundo; b) intelectual: mayor o menor grado de comprensión del acontecer; c) espacial y temporal: la ubicación entre narrador y personajes es diversa en relación a estos dos planos. Las distancias varían e, incluso, son perfectamente capaces de reducirse a cero. Véase respecto a este punto: Oswald Ducrot y Tzvetan Todorov. *Diccionario enciclopédico de las ciencias del lenguaje.* México, Siglo XXI, 1980, p. 372.

responden a la procedencia social de los personajes y a los aspectos concretos a los que se quiere criticar. El narrador hace gala de una omnisciencia expresada en el hecho de conocer el exterior y el interior de los personajes y saber más de lo que sabe cada uno individualmente sobre el conjunto de hechos acaecidos en la novela. La única a la que se le permite relatar desde su propia habla, sin ser diseccionada por el narrador y asumiéndose como veraz su palabra, es a Altagracia Valle.

Es obvio que ningún trabajo crítico ha planteado una identidad tal del texto con la novela amorosa que fuese capaz de subsumirlo a ella. Pero, sí se ha propuesto, a nivel de la crítica,[27] que esta novela se estructura como antinovela o como parodia —nosotros preferimos el término pastiche, más adecuado cuando se trata de relaciones con un género y no con una obra en particular— del relato sentimental. Como definición global es insuficiente, pues aduce exclusivamente a los rasgos temáticos —conflictos, sociedad, amor, moral, [28] pero con una correlación distinta donde sociedad implica el peso de la historia—, y a la imitación de la retórica del género hecha en varios capítulos de la novela. ¿Dónde quedarían entonces los otros registros, propios de la coloquialidad del mundo urbano dominicano y de otras diversiones tan populares como el best-seller? ¿Serán sólo una desmitificación de la visión sobre la belleza y la centralidad del amor en la vida? ¿Postularán la insensatez de las apasionadas mujeres del texto, verdaderas damiselas entregadas a la pasión? ¿Tendrán otras funciones?

### *Textualizando la imagen, el amor y el sonido*

La clave está en el architexto "bolero". Esta sugerencia de lectura muy bien puede haber sido sustituida por la palabra "folletín" u otra señal genérica. Es evidente la coincidencia de dicho architexto con las peripecias de pareja propias del relato sentimental, y con el ámbito privado —privilegiado por los personajes de *Sólo cenizas hallarás* (*bolero*) en su exacerbado individualismo— al que alude. Sin embargo, y como

---

27 Arnaldo Cruz Malavet. *Ob. cit.*, p. 69.
28 Beatriz Sarlo. *Ob. cit.*, p. 11.

ya dijimos, su radio de acción permite que llegue a todos los medios —letrados o iletrados— a diferencia de la novela rosa que exige ser alfabeta. Por otra parte se integra a la vida nocturna y a ambientes de convenciones más laxas [29] que los cultivados por Corín Tellado, para ilustrar con una sacerdotisa del amor impreso. Cabe en él la sexualidad barriobajera de Sotero —capaz de inspirar ardorosas interpretaciones de "Miénteme más" y "Besos de fuego" y más de un desplante a lo Daniel Santos—, el "Amor de la calle" de Conchita y el glamoroso mohín de Yolanda, a la que podemos sin duda imaginar dedicándole "Ay qué noche la de anoche" a Carmelo. Acompaña desde los despechos de una señorita de sociedad como Estela —enloquecida por el teniente Sotero— hasta las tristezas de Lucila, por culpa de este Don Juan de barrio. Suena en las rockolas mientras los hombres en el bar intercambian impresiones —a lo Wilson y Freddy— o simplemente hojean una revista porno, donde una apetitosa émula de Conchita culebrea a los pies de un bien dotado émulo de Sotero, escena minuciosamente descrita con fotografía (para todo público) y texto (alfabetizados solamente). La sexualidad que permea toda la novela, rompe y subvierte al género rosa; pero, semejante furor, sobre todo en el caso de las mujeres, es inherente a la percepción habitual de la literatura porno sobre la fémina erótica. La telenovela, cuyo tema central suele ser el amoroso, probablemente refleja mucho mejor este vasto universo social, sobre todo ahora que los giros populares urbanos y sus desfiguraciones chabacanas plenan los diálogos, en un intento por romper la solemnidad y el acartonamiento clásicos del dramón televisivo canónico. Pero si introducimos esta noción no tendría sentido utilizar definiciones relativas a la hipertextualidad, puesto que esta es posible sólo en relación a textos y no en el marco de relaciones interdiscursivas literatura-medios audiovisuales.

Proponemos entonces que *Sólo cenizas hallarás* (*bolero*) se define a partir del universo de la cultura de masas o popular, más que en base a una vertiente de dicha cultura, de tal manera que podemos abarcar así un espectro estilístico y temático más amplio que el del cuestionamiento, parodia, impugnación, etcétera, de un género en particular. Colocamos aquí a la

---

29 Néstor Leal. *Ob. cit.,* p. 8.

llamada subliteratura —que incluye el género rosa, la pornografía, las revistas de chistes verdes, los best-sellers norteamericanos (con su particular trinidad sexo, violencia, poder)—, la música, la telenovela. Ciertamente debemos aceptar que la víctima preferida de ridiculización es la novela rosa y lo sentimentaloide y que, además, se utilizan los otros "géneros" o "subgéneros" para crear un vivo contraste entre el pragmatismo pedestre de lo cotidiano y las ensoñaciones plenas de evasión de los personajes. Pero, igualmente, es necesario reconocer otras intertextualidades e interdiscursividades presentes.

Este verdadero saqueo de la cultura de masas prefigura una opción narrativa novedosa, sobre todo si tomamos en consideración la magra historia de la novela dominicana, razón por la que, sin duda, este bolero (novela) es una pieza para ser escuchada porque indica que, a pesar del escueto panorama, no sólo cenizas hallaremos en la literatura actual de esa isla caribeña.

## CENIZAS, NOMBRES E IMPORTANCIA DE LA CULTURA POPULAR

En nuestro análisis de *Sólo cenizas hallarás* (*bolero*), hablamos del saqueo a la cultura popular que configura su proyecto narrativo. Tal saqueo de la cultura popular, paradójicamente, trae aparejado una desconfianza radical en la misma en cuanto a estrategias discursivas suficientes, cuya exploración y redimensión pasan por instancias como la hipertextualidad en sus diversas formas, la resemantización y desautomatización [30] de los géneros —a través de las cuales se actualizan y modifican su función y estructura— y una visión crítica que entienda el contradictorio papel que cumplen como formas de simbolización e identificación colectiva. Dada esta desconfianza, se introduce en el texto el comentario de carácter político social, a modo de metatexto capaz de completar las insuficiencias expresivas de unas estrategias incapaces de funcionar como instrumento de indagación. Se confunde la crítica de la cultura popular, en sus connotaciones alienantes, con su utilización como conjunto

30 Myrna Solotorevsky. *Ob. cit.*, p. 52.

de estrategias, y en el texto se produce una suerte de invalidación estética de las mismas.

Habría también otra lectura del problema: el aprovechamiento de las ventajas consagradas de estos productos de amplio consumo en cuanto a posibilidades de recepción en el público, aseguran que la novela llegue a sectores más amplios. Esta perspectiva permite entender la existencia del comentario político-social como parte de una voluntad estética de comunicación, que, por otro parte, no quiere simplemente ser identificada en términos de sus estrategias discursivas sino asumida en su intención indagatoria. Podría hablarse aquí de hibridación, si no fuera porque postulados similares se han concretado con mucha mayor esplendidez, desde *Boquitas pintadas,* de Manuel Puig, hasta *Castigo Divino,* de Sergio Ramírez, sin necesidad del metatexto. En todo caso, la novela estudiada intenta abrirse paso a través de una serie de recursos lo suficientemente reconocidos como para que el público la acepte con relativa facilidad. El metatexto también es lo suficientemente explícito como para ser captado sin mayores dificultades. *Sólo cenizas hallarás* (*bolero*) permite entonces los tres niveles de lectura esbozados por Beatriz Sarlo: [31] a) Factual o fenoménica: seguir el nivel de las acciones y peripecias; b) Identificativo-emocional: preferencia mayor o menor por determinados personajes y captación de los hechos como producto del carácter de éstos o de sus relaciones entre sí; c) Analítico-sintética: "intenta una interpretación englobadora de las situaciones, busca las causas y señala las consecuencias". Al interceptar estos niveles de lectura, se cumple en *Sólo cenizas hallarás* (*bolero*) una función de desautomatización de las formas de la cultura de masas, presa fácil del anquilosamiento expresivo, al proveerlas de un contexto y de un funcionamiento distintos a los habituales. A esto se le suma la posibilidad de captar lectores de muy diversa procedencia, ventaja no compartida por la llamada subliteratura —menospreciada por la élite— y por la literatura "culta" que ésta consume y privilegia.

La búsqueda de una nueva correlación con el lector permite una recuperación de la dimensión del goce sensible —propio del primero y del segundo nivel de lectura— tan menospre-

---

31 Beatriz Sarlo. *Ob. cit.,* p. 36.

ciada por la cultura de élite debido a la escasa elaboración intelectual que implica.[32] Esta recuperación no implica en la novela una reivindicación del mismo, dado que debido, entre otras cosas, a ese goce los personajes se evaden de su contexto, sino su uso con fines críticos e indagatorios particulares. Lo sentimental en esta novela es enemigo del compromiso histórico y, al insertarse en la intrahistoria, no permite que la historia se modifique. Hay que aclarar que más que de la relación de pareja —históricamente indestructible— se trata de un rechazo a una educación sentimental que el bolero, la telenovela y el relato rosa insuflan a los miembros de la sociedad. *Sólo cenizas hallarás* (*bolero*) se postula desde la instancia de "yo y el otro", de la culta conciencia crítica y política frente a la alienación de la masa; pero, las condiciones del consumo cultural y de la lectura misma en el presente conducen, pues, a la asimilación de lo popular como estrategia discursiva.

*La importancia de llamarse Daniel Santos* transmuta lo popular no desde las formas expresivas del bolero o el folletín —inteligibles y digeribles de inmediato, a diferencia de este texto— sino ubicándolo como protagonista de la fabulación, como objeto de estudio e investigación ficticios. La cultura es vista como una práctica cotidiana que entronca con la historia —el machismo, por ejemplo, o la subversión—, y que no puede ubicarse en objetos concretos sino en voces plurales, que el escritor "recoge" y reescribe. No se identifica entonces con los diversos discursos canonizados *sobre* lo popular ni rescata *un* discurso cultural popular determinado, sino admite una práctica, en la que los miembros del colectivo no son simple entidades pasivas sino parte activa de la configuración de los productos culturales; ciertamente Daniel Santos es hijastro de la industria discográfica y radiofónica, pero éstas, como parte de la industria cultural del sector hegemónico, no pueden construir sus productos exclusivamente en relación con sus objetivos clasistas, sino que están obligados a elaborarlos y ponerlos en circulación ateniéndose a pulsiones y preferencias colectivas de los sectores subalternos, para que tales productos se conviertan en parte integral de la vida cotidiana.[33] Daniel Santos, y en eso la fabulación estudiada es perspicaz, es mito no por la

---

32 Carlos Rincón. *Ob. cit.,* p. 182.
33 Néstor García Canclini. "Gramsci con Bordieu...", en *ob. cit.,* p. 72.

simple imposición de la industria disquera y la radiodifusión, sino, y principalmente, por la existencia de una falocracia que espejea y se identifica con el despliegue de un poder viril de fascinante quincallería. No importa el origen de la influencia del cantante. Ninguna cultura popular se construye, ni se ha construido nunca, en base a una constante participación y aportación conscientes del colectivo, sino a través del reconocimiento, recreación y puesta al día cotidiana de los mitos, objetos culturales y conductas sociales e individuales que hasta se hacen gesto, en palabras del narrador de *La importancia de llamarse Daniel Santos.*

Pero sería exagerado y homogeneizador pensar que todo lo que se popularice es cultura popular. Lo cultural popular se define por su uso como instrumento de identificación colectiva. Daniel Santos, el folletín, la telenovela, forman parte de esa cultura porque en ellos se plantean posibilidades de disfrute estético y formas de representación social propias de nuestros países. El narrador reivindica lo cursi, que "abriga como una segunda piel" (p. 58), porque, como decía Manuel Puig, expresa el deseo de ser mejor,[34] y rescata las pequeñas rupturas de la cotidianidad sin aventuras de la mayor parte de la gente. Exalta el lugar común que nos salva de ser originales en situaciones embarazosas y expresa el trajinar de una cultura por los hechos diarios de la vida (106). La cultura popular nuestra puede abrigar mucho de cursi y de lugar común, pero postula también un re(conocimiento) de la intrahistoria que lleva al escritor de élite a preguntarse por qué funciona, qué instancias articulan la praxis histórica a los actos de todos los días y, si queremos sicologizar, por qué el amor ocupa tantas energías.

No es fácil la relación con lo popular en ninguno de los dos textos. La novela de Vergés lo postula como formas convencionales y alienantes, fáciles de establecer, fijadas; la fabulación de Sánchez insiste en que es un mapa callejero de historias colectiva e individuales entrelazadas, difíciles de definir, y propone una escritura híbrida, un texto abierto que recogería esa fragmentariedad. Pero las distancias de la élite se sienten en ambas obras, y se acentúan en la medida en que la cultura popular es objeto de disección y no, o por lo menos

---

[34] Citado por Carlos Rincón. *Ob. cit.,* p. 185.

no sólo, vivencia concreta para el intelectual. Vergés se distancia mucho más que Sánchez del universo popular, si tomamos en cuenta la perspectiva subyacente en texto; no obstante, la escritura de Sánchez es de una dificultad de acceso considerablemente mayor que la de Vergés, lo cual implica una reducción sustancial del número de lectores. Pero es comprensible que este fenómeno ocurra en los grupos intelectuales; al fin y al cabo, salir a la calle con una biblioteca al hombro no es tan fácil.

# IV

## DE LA HISTORIA IMPUNE Y LA INCONFORMIDAD DEL VENCIDO

La historia no está de moda; es más, algunos postmodernos aseguran, hegelianamente, que se acabó y se sienten satisfechos y en paz. Los latinoamericanos seguimos interesados en ella, entre otras cosas porque no estamos seguros de conocerla bien. A partir de supuestas naciones, simples desechos del imperio español, se demarcaron fronteras en mapas caudillescos y se emprendió la tarea de construir identidades a partir de banderas, himnos, gestas, proyectos a la europea y olas despóticas tendientes a conseguir una ansiada e inexistente unidad. Los distintos sectores sociales no se pusieron de acuerdo ni siquiera en la época de independencia; pardos, indios y mulatos combatían en ambos bandos. Las élites criollas no poseían un proyecto nacional. Al llegar el impacto modernizador y con la aparición del positivismo, rompiendo lanzas contra la barbarie, se constituye una práctica discursiva que apela a un objeto, una metodología, y propósitos y objetivos concretos. El discurso historiográfico surge, atribuyéndose criterios de verdad y procedimientos de trabajo tendientes a su consecusión. Con muy poco espacio para la autonomía, dada la condición de los intelectuales como comparsas dependientes del estado, los trabajos sobre historia siguen marcados por la tentación heroica y épica, o, los más rupturales, se abocan a justificaciones más o menos explícitas del orden imperante. Estudios relevantes hubo, sin duda; pero el constreñimiento oficial no permitía mayores expansiones. Práctica discursiva al fin, el discurso histórico posee un emisor, con intereses muy definidos. Dada nuestra larga historia de continente asolado por despotismos, el discurso de la historia ha sido objeto de arduos cuestionamientos, en particular aquel catalogado como "oficial": discurso de y para las élites.

Los años sesenta y setenta fueron especialmente ricos en trabajos, por lo general desde la perspectiva del materialismo histórico, que intentaban deconstruir la historia oficial a partir de metodologías y proyectos políticos rupturales. Fue un ejercicio imbuido de una ansiedad detectivesca por hurgar e interpretar lo oculto: tiene que haber otra verdad, *la* verdad, escondida, develada en parte, mal interpretada, no buscada. Dentro de la inquietud general por un presente insatisfactorio, el discurso histórico asumió un carácter explicativo totalizante; lo actual es producto de un pasado equivocado y lo fundamental es transformar las tendencias fatales de una historia frustrante. El prestigio del discurso histórico creció notablemente entre la intelectualidad, limitada en su propio ejercicio por un subdesarrollo aniquilante. Los escritores latinoamericanos siempre se han constituido en eco de esa inquietud colectiva por el destino nacional, motivación suficiente para entender tan general interés en el pasado como razón del presente.

Pero la literatura le ha jugado una mala pasada a la historia al concebirse como un instrumento capaz de falsificar sus métodos, utilizarlos y desnudar la arrogancia de una práctica discursiva cuyo estandarte es el criterio de verdad, objetividad y magisterio social y político. El discurso histórico también estafa a la narrativa sus posibilidades expositivas, sus tropos, su carácter de construcción y selección. La ficción pretende corregir, completar y hasta suplantar dicho discurso. En cuanto a la "verdad" o "falsedad", criterios históricos, la literatura recuerda que ello depende del estatuto que a los hechos, concebidos como unidades ideológicas y no como entidades no intervenidas por ninguna discursividad, se les conceda en diversos sistemas culturales.[1] Verdad o falsedad no dependen de los hechos sino de una convención. La ficción es capaz de apropiarse entonces de la indagación histórica e incluso suplantarla, consciente de sus vacíos y limitaciones, y proponer un nuevo espacio de reflexión cultural. En momentos en que se duda de la historia y de los discursos que la han entronizado como cauce, explicación y línea interminable de la aventura humana, la ficción persigue un espacio de reconocimiento donde la historia sea

1 Thomas Lewis. *Ob. cit.*, p. 6.

pasible de un reconocimiento en lo cotidiano, fuera de las cátedras y textos consagrados. Veamos entonces dos obras que ilustran esta refrescante subversión: *Sobre tumbas y héroes,* de Ana Lydia Vega, y *Curriculum* (*el síndrome de la visa*), de Efraim Castillo.

## SOBRE TUMBAS Y HEROES

### *Entre tantos géneros, uno: ¿el folletín histórico?*

Cervantes y Ariosto se encargaron de guillotinar la exaltada fantasmagoría de las novelas de caballería, en épico acto de renovación literaria y quiebre cultural. El tiempo se encargó de salvar a Amadís, pero también a Orlando y al Caballero de la Triste Figura. En esta época de rescate más que de arrestos vanguardistas, una "nouvelle" suspira por la épica —como el atento público prerrenacentista— y se burla de ella, dentro de la larga tradición intelectual del escepticismo y al estilo de los irreverentes bardos anticaballerescos. Mas tal burla ha cambiado su ángulo de tiro: no es de Amadís sino del sacralizador de Amadís de quien reímos. ¿Seguros que del sacralizador? No, no es tampoco a un bardo en particular a quien atacamos: nos interesa lo que dice. El *quid* de la cuestión es, entonces, el discurso. ¿Cuál discurso? El discurso de la novela de caballería. No exactamente. Es de "algo" característico del mismo: el aliento épico. Pero, podría decir algún experto, tal rasgo definidor no pertenece a la narrativa caballeresca exclusivamente; la épica y la historia (o el discurso histórico de otros tiempos para no asustar a los especialistas) son parientes:

> Por otra parte, la historia se compara con la épica. C. Pontano, por ejemplo, sugiere que la historia y la épica se asemejan en la conservación del recuerdo de las cosas pasadas, en la descripción de lugares y de caracteres, en el castigo de los vicios y en la alabanza de las virtudes. Este último rasgo lleva a Pontanio a reconocer en ambas, la historia y la épica, el empleo de dos "géneros retóricos", el deliberativo y demostrativo, que se manifiestan en los discursos (canciones) de los héroes épicos y de los personajes historiográficos. Las diferencias se destacan al igual que en la comparación de la historia con las anales y crónicas, en el estilo;

pero claro está, en sentido inverso. La historia, en este caso, es más decorosa que la épica puesto que el fin es la verdad, en tanto que el fin de la épica es la verosimilitud y lo maravilloso.[2]

En un continente donde el discurso histórico funcionó como un culto pulimento a las condecoraciones de los héroes (y que incluso sigue funcionando así para ciertos sectores: los bolivarianos impenitentes, por ejemplo), este matrimonio entre épica e historia resultó fecundo y conveniente en el siglo pasado como desesperado recurso de unidad nacional. Por supuesto, el discurso histórico continental de las últimas décadas ha variado considerablemente en premisas teóricas y metodológicas, lo cual no es impedimento para que algunos sectores de izquierda —siempre en nombre de la ciencia— se entreguen a una suerte de épica de masas o a la exaltación caudillesca (tirios y troyanos tienen sus amadises). Una magnífica muestra es la innumerable cantidad de textos que han girado alrededor del Che o de Fidel Castro.

Vayamos a un segundo elemento: hay una "nouvelle" capaz de sonreír cuestionadoramente ante una praxis cultural, el discurso histórico —cuya evolución ha sostenido permanentes contactos con la épica, sobre todo en períodos de revoluciones—, con adalides y escribidores de distintos bandos, de las izquierdas y las derechas. ¿Cómo nos hemos enterado de tantos detalles? En primer lugar por el título del texto en cuestión: *Sobre tumbas y héroes.*[3] Dos palabras llenas de resonancias guerreras y aires de epopeya; parodia mínima —simple cambio del orden de las palabras—[4] de otro título, *Sobre héroes y tumbas,* de Ernesto Sábato, donde el presente y el pasado se entrecruzan en un intento de dilucidación de la catástrofe de la Argentina en la década del cincuenta enfatizando la importancia primordial del quehacer individual en el hacer colectivo.[5] Ana Lydia Vega dedica

2 Walter Mignolo. "El metatexto historiográfico y la historiografía indiana", *Modern Languages Notes,* USA, Hispanic Issue, Johns Hopkins University Press, Vol. 86, 1981, p. 371.

3 Las citas realizadas responden a la siguiente edición: Ana Lydia Vega. "Sobre tumbas y héroes", en *Pasión de historia y otras historias de pasión.* Buenos Aires, Ediciones de La Flor, 1987.

4 Gerard Genette. *Palimpsestos.* La literatura en segundo grado. Madrid, Taurus, Serie de teoría y crítica literaria, 1989, p. 27.

5 Raymond D. Souza. *La historia en la novela hispanoamericana moderna.* Bogotá, Tercer Mundo Editores, 1988, pp. 101-102.

su faena *Pasión de historia* —que incluye el texto que diseccionamos— a Ernesto Sábato, lanzándonos, con ese espíritu policíaco que inunda los relatos que configuran esta pasión, un par de pistas —título y dedicatoria— relativas al proyecto narrativo de *Sobre tumbas y héroes,* texto que cierra este volumen pleno de la obsesión de historia de la escritora puertorriqueña. Un epígrafe de George Lamming puntualiza el camino por el que se desarrollará esta indagación histórica; traducimos del inglés: "He sustituido el inquirir por la memoria". Inmediatamente ubicamos que las vías de abordaje de la historia no transitan por las ya conocidas del discurso histórico. Habrá que analizar cuáles son esas vías. Un dato más, el subtítulo: "(Folletín de caballería boricua)". Volvemos al principio: épica e historia; épica y literatura "culta" (texto de caballería desde la perspectiva actual); y, agregamos ahora, épica y literatura popular: folletín decimonónico, de ánimo ejemplarizante, con preeminencia de cualidades como la valentía, la bondad y el patriotismo.[6]

Elementos tan diversos se sostienen coherentemente al juzgar el proyecto narrativo de *Sobre tumbas y héroes* en términos de un diálogo entre la usualmente denominada novela histórica y las estructuras propias del folletín. Este posee una estructura basada en las entregas sucesivas al lector, la linealidad temporal, la sucesión de enigmas y el suspenso (planteamiento del enigma y satisfacción de la curiosidad del lector con la resolución del mismo); [7] no está de más la historia de amor y, si es posible, un final feliz. Por supuesto, tomando en cuenta que se trata de un folletín de caballería, lo maravilloso y mágico deben estar presentes [8] (no hay amadises sin brujas y monstruos o por lo menos sin odres de vino como el Quijote).

Ilustremos lo dicho, observando algunos títulos de los capítulos. "El sueño de Don Virgilio": lo premonitorio, esa cualidad del mundo caballeresco de proveer de sentido todo acto o pensamiento humano; Virgilio sueña con las tres tumbas, cuya localización constituye el motor fundamental del relato. "La visita": hacer notar la importancia de los hechos sorprendentes,

6 Myrna Solotorevsky. *Literatura, paraliteratura.* Gaitehrsburgh, Edicoines Hispamérica, 1988, p. 43.
7 *Ibid.,* p. 46.
8 Walter Mignolo. *Ob. cit.,* p. 375.

de las intervenciones de lo inesperado; Emanuel, estudiante de historia e interesado en el crimen ejemplarizante, precisamente al estilo del cometido contra Brugman y Bauren, tropieza con Guiomar, sobrina de Virgilio, y de esta azarosa manera, el historiador y el viejo patriota coinciden en aunar sus esfuerzos. "Villatroya": la relevancia del lugar, es ese lugar y no otro; cuestión de predestinación. En la vieja mansión comienza la odisea de Guiomar y Emanuel en la búsqueda de las tumbas. "Sacrificio": claro, heroicidad sin sacrificio es un oxímoron; la joven pareja pasa una noche horrenda en Villatroya, con innumerables goteras, ratas y la indiferencia sexual de Guiomar hacia el desolado Emanuel. "Eureka": el descubrimiento repentino, esa chispa de los predestinados que los pone sobre aviso y los guía; Virgilio descubre "algo", que el suspenso de la historia no permite relatar por ahora. "El secreto de Crisanta": en los secretos está el centro de las intrigas; bueno, así sea que la verdad oculta de la lora Crisanta es que cuando cantaba "Libertaaad", se refería a la Lamarque y no al deseo iluminista de la canción de Lolita Rodríguez de Tió. El humor, presente en toda la "nouvelle", liga esta travesura épica a los desplantes cervantinos, llenos de peripecias rocambolescas, y desplaza, como veremos, el discurso histórico y el patriotismo al terreno tentador de la irrisión.

Esta humorada, entre otras, avisa que estamos frente a un pastiche satírico que imita un estilo,[9] para recuperar —¿cuestionando? Eso lo veremos más adelante— un género, y estafa la estructura folletinesca en aras de la parodia y de la burla a ciertos modos de hacer la historia. Precisamente en este punto está la articulación entre lo histórico y lo folletinesco de la que hablamos en líneas precedentes. En este sentido, son reveladores subtítulos como "Notas" y "En la colección puertorriqueña", que revelan un ejercicio de escritura y de estudio propio del discurso histórico. Ahora bien, cuando hablamos de novela histórica —adjetivo que usamos por su valor instrumental—, no nos referimos exclusivamente a la presencia de estos elementos sino a instancias más globales y definidoras del ámbito narrativo analizado.

En primer lugar, es destacable la referencia a hechos históricos propios del acontecer puertorriqueño. *Sobre tumbas*

---

9 Gerard Genette. *Ob. cit.,* p. 31.

*y héroes* toca un tema caro al nacionalismo puertorriqueño como es el Grito de Lares, escaramuza militar de un grupo independentista puertorriqueño, entre cuyas figuras máximas tenemos a Ramón Emeterio Betances, Eugenio María de Hostos, y Segundo Ruiz Belvis, entre otros.[10] Esta abortada gesta independentista está inscrita ya como un saber [11] dentro del discurso histórico puertorriqueño, factor clave para aceptar un texto narrativo como, por lo menos, de tema histórico. Así mismo, su escogencia como materia ficcional explica las alusiones épicas a las que nos referimos anteriormente, pues nuestras gestas independentistas fueron asumidas como epopeyas consolidadoras de las jóvenes naciones del continente. El carácter burlón de la indagación histórica en el texto condiciona que tales alusiones sean cuidadosamente desmontadas y trivializadas, a través de situaciones ridículas que desmienten la promesa inicial del relato en cuanto a su filiación caballeresca y folletinesca y nos ofrecen una óptica de la historia como un entramado más complejo que el ofrecido por la grandilocuencia y la heroicidad sin contradicciones. Además, el Grito de Lares fue mucho más un gesto que una gesta, y carece de la parafernalia de batallas, muertos y héroes de las aventuras libertadoras de otras partes de América. El texto se hace eco de ello, asumiendo que de ese gesto revolucionario pueden recogerse implicaciones alejadas de la perspectiva oficial. En *Sobre tumbas y héroes,* la referencialidad histórica es reelaborada a través de la adopción de la estructura folletinesca, la parodia del discurso izquierdista y el abordaje heterodoxo de la experiencia y el discurso histórico. Dicho abordaje se efectúa por intermedio de la religiosidad popular —el espiritismo—, la recuperación de la dimensión oral y el intertexto con la crónica. *Un poco de historia colonial* de José Marcial Quiñones,[12] aspecto medular en este relato. Se articulan,

---

10 José Luis González. *Literatura y sociedad en Puerto Rico.* De los cronistas de Indias a la Generación del 98. México, Fondo de Cultura Económica, Tierra Firme, 1976, p. 75.

11 Noé Jitrik. "De la historia a la escritura. Predominios, disimetrías, acuerdos en la novela histórica latinoamericana", en Daniel Balderston (comp.). *The historical novel in Latin America.* A symposium. Gaithersburgh, Ediciones Hispamérica, 1986, p. 20.

12 José Marcial Quiñones. *Un poco de historia colonial* (Incluye de 1850-1890) (sic). San Juan. Publicación de la Academia Puertorriqueña de la historia y el Instituto de Cultura Puertorriqueña, 1978. Este texto cubre un período de la historia borinqueña que incluye al Grito de Lares. Dado que el asesinato de los patriotas Brugman y Bauren fue consecuencia de la

pues, diversos campos semánticos [13] que posibilitan una nueva percepción de Lares, de la historia puertorriqueña misma, proponiéndonos lecturas inscritas en la cultura popular y de masas —el simple disfrute del folletín y del humor— o lecturas más comprensivas del proceso histórico boricua y de la dimensión intertextual e hipertextual del texto.[14]

*Hablas heroicas y murmullos*

En el texto confluyen diversos recursos que posibilitan el acercamiento al Grito de Lares, conectándolo con el presente, a partir de una perspectiva heterodoxa, crítica, del discurso histórico y de los modos de acercarse a los hechos. Así, en medio de una sociedad habituada al olvido, un modo lógico de hallar la cara oculta de determinado acontecer es a través de la pesquisa policíaca. El objetivo de esta pesquisa no es precisamente esclarecer un asesinato, pues respecto al mismo se sabe casi todo: asesino, arma, móviles. Pero hay un detalle no aclarado: ¿Dónde están enterrados Brugman y Bauren? El encontrar el sitio exacto tiene un valor que trasciende al hecho concreto de la culpabilidad de Virgilio, el anciano entregado de cuerpo y alma a esta búsqueda. Implica el rescate para la memoria presente de todos aquellos que participaron en un acto que no por fallido es menos importante para la historia nacional. Los recursos utilizados para tal pesquisa provienen de la cultura popular: el espiritismo y la tradición oral. No en balde el epígrafe del texto, del barbadiense George Lamming, propone sustituir la investigación por la memoria. Si el discurso oficial no permite resquicios para evaluar la propia historia, si la historia

---

retaliación española después de este hecho histórico, el mismo es narrado como muestra de la crueldad colonial hispana. La perspectiva de Quiñones en esta crónica contradice la perspectiva prorrealista del español Francisco Para Pérez Moris, la acción contra los patriotas fue un acto de legítima defensa y no, como afirma Quiñones, un homicidio a sangre fría contra gente desarmada. En *Sobre tumbas y héroes* se toman en consideración las dos versiones, pero se le da abierta preferencia a la de Quiñones.

13 Thomas Lewis. "Hacia una teoría del referente literario", en *Texto Crítico,* Veracruz, Nº 26-27, enero-diciembre 1983, p. 8.

14 Respecto a esta dimensión, la misma ha sido trabajada por María Julia Daroqui en un texto de próxima publicación.

como disciplina científica provista de una metodología de trabajo no es capaz de vislumbrar la otra cara de un acontecer, es legítimo tomar en cuenta otras vías. Este proyecto implícito en el texto lo relaciona con dos órdenes de ideas: lo popular, constante de la obra de Vega, y el cuestionamiento radical, muy de la postmodernidad, de todos aquellos discursos que como el histórico han acariciado la idea de explicar la totalidad de la vivencia humana individual y social.

Representante típico de esta pose es Emanuel. Su investigación sobre el crimen ejemplarizante cuenta, desde su perspectiva siempre pretenciosa y cientificista, con un obstáculo en relación al siglo diecinueve: su única fuente es la tradición oral, desechada de antemano por cualquier metodología histórica que afirme a voces su rigor. Obviamente, Emanuel no podría recoger los testimonios de los implicados en el caso Brugman y Bauren, pero en cambio tiene a la mano la crónica de José Marcial Quiñones, sobre la historia de Puerto Rico, donde se registran los hechos silenciados por los españoles. Esto posibilita la confrontación con el texto de Pérez Moris,[15] que explica los sucesos del Puerto Rico decimonónico desde la perspectiva española. El minucioso Emanuel había consultado este texto pero desconocía el de Quiñones, fina ironía del narrador hacia tan impetuoso antimperialista, que evidencia además esa ignorancia de la propia historia que entorpece los más loables propósitos nacionalistas. Virgilio le ofrece a Emanuel por intermedio de la crónica la posibilidad de oír esas otras voces y, por ende, esa otra historia debidamente apartada por los intereses coloniales. La "nouvelle" construye así un espacio de integración interdiscursiva que absorbe para la ficción la posibilidad de llenar los vacíos de la praxis historiográfica, sin perder el carácter que la define como tal.

Se cuestionan así diversos discursos históricos. El emitido desde los ganadores, el cronista español Pérez Moris, por ejemplo, quien, en ejercicio propio de la ficción, "cartografía"[16] una unidad cultural —pues el hecho histórico no es una realidad cruda traspasada a las palabras, los testigos mismos lo tamizan de acuerdo con sus propios intereses—, y en esa acción selectiva

15 Véase nota 11.
16 Thomas Lewis. *Ob. cit.,* p. 13.

construye un discurso que produce un determinado efecto.[17] En el caso de Pérez Moris, dicho efecto fue asumido por la sociedad como la "verdad" sobre los hechos. La distinción entre este efecto de un texto asumido como histórico y el efecto narrativo es que éste se reconoce como tal, como un simple "efecto", a diferencia del discurso amparado en el adjetivo histórico, que se postula como "verdad" a secas, sobre todo cuando habla con la inapelable voz de los poderosos. En la época de Pérez Moris el poder era España. Para este cronista, los patriotas asesinados son prácticamente unos bandoleros violentos —ángulo español del problema—, y por ello mismo hubo que matarlos en defensa propia. El cronista puertorriqueño José Marcial Quiñones aduce que su muerte es una acción despótica contra gente prácticamente indefensa; no obstante, dicho cronista no menciona a Francisco Quiñones, del que es reencarnación Virgilio, ansioso de encontrar las tumbas para purgar su culpa. Esta acción de escamoteo está relacionada quizás con pruritos de señalar a un jíbaro —idealización oligarca— como un vulgar traidor, o, simplemente, conectada con el desconocimiento parcial de la situación, impugnándose así las protestas de fidelidad cronísticas. El discurso de la izquierda —identificado con los derrotados aunque éstos nunca han parecido muy interesados en identificarse con él— obedece igualmente a estos gestos de encubrimiento y selección que tanto se cuestionan en los adversarios. Como ya dijimos, Emanuel por su rigorismo metodológico rechaza al texto de Quiñones, lanzando el vocablo "literatura" (p. 196) con el gesto despectivo del buscador de La Verdad, con mayúsculas, obsesión de la modernidad y de la vocación totalizante. Al distanciarse de Emanuel por intermedio de la parodia de su discurso, el narrador admite las posibilidades indagatorias de lo ficcional —o de sus tipologías discursivas en el caso de la crónica— y plantea abiertamente la necesidad de perspectivas heterodoxas para acercarse a la historia.

Se cuestiona así la figura del "hombre de izquierda", como expresión de un proyecto social y un lenguaje ya cancelados. Emanuel incurre constantemente en imposturas y situaciones ridículas, subrayadas por Vega con su habitual sentido del

---

17 *Ibid.*

humor. El personaje se caracteriza por una tendencia irrefrenable a discursear en todo momento, a confiar ciegamente en dogmas aprendidos de memoria y a desechar todo aquello que no entre en las rígidas coordenadas que para él definen lo "científico". Tales rasgos obstaculizan un contacto más directo y veraz con el entorno. Un magnífico ejemplo es cuando les roban la ropa a él y a su compañera. Emanuel se lanza con el "compañero proletario" (p. 124) de rigor, frente a un simple "voyeur", el Sátiro, que, además de no importarle un rábano la lucha de clases, deja al ilustre pichón de historiador y a Guiomar sin auto. Del héroe guerrillero de los sesenta por lo visto sólo queda la caricatura. En este sentido, los clichés verbales, propios del folletín,[18] cumplen aquí una función que no es simplemente parodiar este divertimento popular sino establecer, igualmente, una analogía entre la rigidez y previsibilidad de un género canónico y los anacronismos de un habla también canonizada, que ya cuenta con su propia retórica:

> Allí, frente por frente al baúl del carro, *el infame letrero capitalista*:
> VILLATROYA
> PROPIEDAD PRIVADA (p. 116)
>
> Emanuel sintió el escozor de la *Ulcera Ancestral de la Autocensura* ante la posibilidad del algún destape imprevisto de chiripero histórico (p. 120).
>
> el *Insaciable Latifundista,* no conforme con el montón de cuerdas poseídas y por poseer... (p. 128). (Las cursivas son nuestras).

Y como en *Sobre tumbas y héroes* nadie se salva, se nos ofrecen los clichés del discurso nacionalista de los nostálgicos hispanófilos, también con mayúsculas, como en aquellas novelas del siglo pasado donde La Verdad y El Progreso tenían su jerarquía tipográfica:

"La Patria" (p. 99).

"Santa Matrona" (p. 128) [la campesina Doña Reme]

"Humilde Choza" (p. 128) [la casa de la doña y su hijo el Sátiro]

el "Noble Jíbaro" (p. 134) [nuevo nombre del Sátiro después de convertirse al bien por obra del regaño de su progenitora].

---

18 Myrna Solotorevsky. *Ob. cit.*, p. 58.

Los lugares comunes de la exaltación bucólica y patriarcal son también objeto de risa, estableciéndose así prudente distancia con el discurso patriótico de las élites vencidas por la invasión americana. La retórica patriotera e izquierdista están vacías de significación como el grito "Libertaaad" de la lora Crisanta, que al fin un día cantó "Libertad Lamarque" (p. 135), en clara alusión a la conversión de un vocablo trascendente en divertida fruslería.

Si los Discursos Históricos y la Historia, con mayúsculas, son prestamente desafiados y reducidos a argucias encorsetadas, pero, al mismo tiempo, se insiste en la necesidad de buscar ciertas verdades —coincidencia con los discursos criticados—, es evidente que más que una disolución del sentido histórico nos topamos con una opción distinta en cuanto a modos de ver y vivir la historia:

> Emanuel se lanza de pecho, exhibe sin pudor su pasión de historia, no la historia cipaya de los administradores coloniales, no, ni la de las mediocres maldades de metrópolis madrastras. Sino la Intra-Historia, la épica oculta, la canción de gesta de los supuestos derrotados (p. 103).

El que Emanuel equivoque los métodos para acercarse a este objetivo, no es obstáculo para que su definición de la intrahistoria sintetice el afán del proyecto narrativo del texto en términos de una vía que se acerque a un vivir más cotidiano que épico. Se le da espacio entonces a modos populares de abordar la realidad, en consonancia con esas voces que la izquierda ha deseado suplantar con la hiperteorización, pero que —positivas o negativas— son irreductibles a las prácticas cognoscitivas tradicionales. En *Sobre tumbas y héroes* los "métodos" de trabajo para acercarse a la intrahistoria son el espiritismo, la tradición oral y, según ya hemos visto, la crónica de José Marcial Quiñones. El espiritismo se relaciona con la tradición popular, pero en el texto tiene una función importantísima como factor central al momento de analizar la visión ideológica que se sustenta. Los espíritus no son simples presencias del otro mundo, anónimos, desconocidos. Son figuras del nacionalismo boricua: Albizú Campos, Betances, Luisa Capetillo. Creemos que este elemento evidencia una insistencia en la recuperación de los valores más representativos del nacionalismo, tan escamoteados hoy día que es necesario recuperarlos por vías poco ortodoxas. La "nouvelle" comunica así presente y pasado a través del sueño de una independencia no por poco factible menos entrañable. Pero esta recuperación pone sobre el tapete una realidad aplastante como es la ausencia de un proyecto viable de independencia en el Puerto Rico de hoy. En cuanto a la tradición oral es la única posibilidad de voz del derrotado. Virgilio le insiste a Emanuel sobre este punto, dada la terquedad del joven investigador y su escepticismo por todo aquello que no fuese un documento o registro confiables. Además, tanto el espiritismo como la tradición oral se conectan con la magia, con la sorpresa de lo maravilloso propio de la épica, con lo cual se concilian historia y relato de caballería a través de un rasgo propio de ese registro común a ambas. Y con la magia se le da salida al murmullo y la intrahistoria se impone ante las hablas heroicas.

## CURRICULUM (EL SINDROME DE LA VISA)

### *Complejidades de un curriculum*

Hay enfermedades que como las modas y la televisión hermanan a gentes de variadísimas procedencias; hordas expectantes esperan la muerte o la visa (vida) y entonces se cree más que nunca en el azar o en dios como fuerzas capaces de modificar la suerte. El culto erige templos y los cónsules vuelven a tener, como en el Imperio Romano, funciones de unificación cultural e influencia sobre destinos humanos anónimos. En virtud de sus facultades curativas, el cónsul se ve sepultado por formularios, historias clínicas de dolientes en espera. La racionalidad imperial se impone y la salud es devuelta a unos pocos elegidos. Tanta gente apestada enfermaría a los ciudadanos de la nueva Roma. Tantos latinoamericanos en las calles de EUA, destruirían la cultura nacional y el poderío WASP decaería. El síndrome de la visa crea ese espacio común entre los ciudadanos del continente tan difícil de lograr en ámbitos ajenos a la música, el idioma y las crisis económicas. Largas colas esperan ante el consulado norteamericano y el stress corta el sueño de los visapidientes o la alegría llena de sueños a los visahabientes. Con sorna deben sonreír los funcionarios al verse objeto de tan apasionada solicitud, sobre todo cuando algún fulano llora sus viejas penas de izquierda frente a los escritorios del cónsul. El título de la novela *Curriculum (el síndrome de la visa)*,[19] de Efraim Castillo, pone sobre aviso: se describirán las causas, síntomas y resultados de esta enfermedad, en el contexto de un nuevo Imperio Romano (p. 244). ¿Y el curriculum? Parece que nos hablarán de alguien que solicita la visa y de su historia clínica: los datos personales, profesionales, sexuales, políticos y otras intimidades. El caso individual como aprendizaje sobre la generalidad; ¿lo inductivo vs. lo deductivo? ¿Intrahistoria e historia? Alberto Pérez, arquetipo del visa-pidiente. ¿Cómo se articula la historia —Pérez con la Historia— dominicana?

*Curriculum (el síndrome de la visa)* construye un espacio de intercursividad donde se entremezclan las parrafadas marxistas y antimperialistas con la realidad de un patético escritor asaeteado por la miseria, sus ideales políticos y el imperativo individual de una vida diferente. El síndrome, la enfermedad, la obsesión de la visa se convierte para Beto Pérez, como para muchos de los latinoamericanos, en el norte de una existencia "serruchada", pues, como dice el personaje, República Dominicana es el país del serrucho, de las esperanzas cercenadas, de los proyectos y revoluciones fracasados, de la penetración norteamericana, con casco militar o sonrisa de diva hollywoodense.

En una literatura cuya plena inmersión en lo urbano es reciente, hay una necesidad acuciante de juguetear, experimentar y manipular técnicas y concepciones. Se discuten en la estructura misma del texto dos condiciones básicas propias de la teorización canónica sobre la novela. Una de ellas es la del héroe degradado en un mundo degradado, tan llevada y traída por las legiones de fans del Lukács joven; la otra es el ansia de modernidad y de textualización de las contradicciones contemporáneas, cuyo modelo es, obvio, el *Ulises,* de Joyce. La degradación exige un hiperrealismo violento, ya no el realismo tan caro al estudioso húngaro. En la secuencia del buceo, Pérez, al igual que Bloom, reconstruye una vida inútil durante el incierto

---

19 Las citas efectuadas responden a la siguiente edición: Efraim Castillo. *Curriculum (el síndrome de la visa)*. Santo Domingo, Editora Taller, 1982.

vagar del personaje por una ciudad conocida hasta el hartazgo y, por ello mismo, irreconocible hasta el más absoluto desafecto. Tanto Bloom como Lukács son mencionados en el texto, alusiones nada casuales. El proyecto narrativo de la novela está imbuido de un ansia de modernidad a toda prueba, lo cual se manifiesta tanto en las audacias técnicas como en la perspectiva manejada acerca de la relación del personaje con su entorno. En el relato se intenta explicar la desgracia de Pérez como correlativa a un mundo en crisis —héroe degradado en un mundo degradado—; tal intención supone una exploración psicológica y conductual del personaje que reniega de la linealidad y el rigor sintáctico realista, incapaz de dar cuenta del caos del animal urbano de los siempre deseados y también odiados tiempos modernos.

*Curriculum (el síndrome de la visa)* aspira a una totalidad explicativa que la conecta directamente a los iridiscentes tiempos del "boom". La sexualidad de Pérez —exhibiendo su espléndida dotación desde la más tierna infancia— la relación con sus padres y tías, su origen social, la educación religiosa, su suerte con las mujeres, el individualismo, la Guerra de abril, el trujillato, el machismo, los medios de comunicación, la conquista española, la presencia norteamericana confluyen en una praxis narrativa donde el discurso histórico, el psicoanálisis, las elucidaciones artísticas y los análisis comunicacionales intentan construir una coherencia dentro de la fragmentariedad, sin negarla. Así, la construcción narrativa de *Curriculum (el síndrome de la visa)* se entrega a toda suerte de maniobras técnicas capaces de asumir tal fragmentariedad sin obviar la búsqueda totalizante.

### *Las secuencias*

Los subtítulos ("Descubra un nuevo mundo...", los que giran alrededor de la palabra "partido", "Temtaptium monegalum", "Carteo", "Curriculum"...) nos sugieren las diversas instancias que tejen la vida de Beto, desde las cuales se explica y se ironiza al protagonista, identificando además las distintas secuencias que se articulan en diversos planos temporales. Las mismas oscilan entre el hoy —1980, Beto de cuarenta y cinco años; el pasado reciente— mediados de los setenta, Beto de treinta y nueve años, y la juventud del personaje— años sesenta, Beto entre los veinticinco y los treinta años. El empeño en construir y explicar a Pérez, desde su vivencia concreta asume estrategias narrativas propias del cine. Por ejemplo, los "buceos" se suceden a modo de flash-back cinematográfico: las imágenes del pasado se superponen al presente en implícita animadversión hacia éste. Las secuencias —que alternan el presente y el pasado hasta el capítulo XVII, "Consumatum est"— obedecen a una técnica de montaje que las divide con el fin de que el lector aprecie el espejo constante entre un pasado y un presente férreamente conectados. El montaje y las constantes alusiones al cine por parte del personaje cumplen una función manifestativa [20] al permitir entrever a nivel de estructura narrativa misma y de lenguaje la vital centralidad de la cultura de masas en la conformación del universo colectivo e individual urbano.

Cada secuencia tiene una función específica en las que se confrontan dos aspectos: la vida personal, cotidiana, motivada muchas veces por impulsos inmanejables, y la historia colectiva en la que se está inmerso y de la que la vida personal es consecuencia pero también causa. Militancia, penetración cultural, historia personal son los puntos de partida desde los cuales se intenta definir el periplo vital de Beto y su índole arquetípica de visapidiente de izquierda. Está presente entonces la intrahistoria como esa explicación indispensable a los por qué de la historia, entendida con hechos, y como impugnación a las generalizaciones propias del discurso histórico y de las ciencias sociales, incapaces, llegado el momento, de entender y transformar al individuo y a la sociedad en tiempos de crisis aguda, dada su imposibilidad de comprender las múltiples instancias que hacen al hombre padecer y construir la historia a partir de su experiencia diaria inmediata.

### *Juegos lingüísticos, tipografía, punto de vista, novela-caja china*

En *Curriculum* (*el síndrome de la visa*) el ritmo trepidante de la prosa se inserta dentro del lenguaje ubicuo de la comunicación contemporánea:

---

20 Myrna Solotorevsky. *Ob. cit.*, p. 136.

A LA FRANCA, Vicente, tengo que irme. Otro más. Me voy a sumar a los casi quince millones de allá. ¿Tantos? Eso dicen. ¿El conteo? Lo sabes: surveymanía. Una enfermedad. Todos los conteos. Sí. ¿Qué hacen; cómo suenan; qué venden; cómo se vende? ¿Y luego? Las computadoras. Todo ordenadito. ¿Para? Los finales. La muerte por suicidio de la civilización actual. ¿Te imaginas? Dentro de unos años: ¡coño, cómo vivían esos tipos!: estadísticas por allá. ¿Y ...Por qué? Podría decirlo igual: la penetración cultural, el cansancio de no conseguir nada; esta edad, además. No me convence. El cine; la televisión Woody Allen paseando por Times Square. ¿Manhattan? Eso creo. ¿Y? ¿Otro por qué? Sumarme a los de allá: quince millones más uno igual a quince millones uno. ¿Conforme? No me convence (p. 12).

Este fragmento suprime los guiones correspondientes tradicionalmente al diálogo y mezcla las frases de Vicente y Pérez, en una suerte de transcripción de la coloquialidad, que recuerda al Vargas Llosa de *La ciudad y los perros.* Otro recurso, utilizado en particular en el capítulo IV, es la yuxtaposición de planos temporales incluso en un mismo párrafo, técnica que evidencia la necesidad de borrar la relación causal y concebir la vida como caos donde es posible la simultaneidad y la circularidad de las situaciones que se repiten, así sea en contextos distintos. Veamos un párrafo donde el joven Pérez se enfrenta a un dirigente del partido, Juan B, desde una posición de indefensión idéntica a la sostenida ante la policía:

Y ahí viene el gancho, el gancho tendido por el propio Beto sobre sí mismo. Si le dice *"sus"* dos caminos a Juan B., puede que, aunque no sean los mismos, pero que convengan a los intereses del partido, sean aceptados por éste; y de no convenir, entonces quedan, aún, las dos opciones preestablecidas, por lo que Beto pensó que con el gancho había metido la pata en mierda y se hundiría hasta el mismo cuello. "¿Lo ves comunista, has dicho lo que queríamos oír, maricón? Pero, ¡yo no quise decir eso! ¡Pero lo dijiste, maricón comunista! ¡Esto es un gancho! ¿Gancho?, ¡gancho es el de Fidel en América!" (p. 29).

En el capítulo XXI, titulado "Curriculum I", se insiste en la transcripción coloquial, esta vez con la intención de captar los distintos registros desde la percepción inmediata infantil hasta la suscinta descripción de las peripecias del Pérez adulto:

Niño quedarse con tía Cándida la mayor parte del tiempo. Temor a la luna. Jodida manía de tirar cosas por el balcón casa piso 2

> calle Duarte. Trajecitos marineros. Fotografía Barón Castillo. Escuela de las Amiama. Mudanza Crucero Dánse casa techo zinc romperse galería barbilla. Sirvienta haciendo pajita con jabón. Prima se hace pajita con penito muchachito y venidas prima alborotan vecindario (p. 209).

Preposiciones y relacionantes se reducen al mínimo para dar paso a una, parodia del habla infantil. El curriculum continúa hasta llegar a la trepidante sucesión de oraciones cortas, con poca adjetivación, que sugieren un período de intensa acción política:

> Atentado electrónico en Venezuela contra Rómulo Betancourt. Se acusa a Trujillo. Se reúne la OEA. Indulto de varios compañeros. El vago Beto entre ellos. Descubrimiento de que oler a antitrujillista es igual a tener la peste. Aislamiento social completo. Sólo la tía Cándida recibe a Beto (p. 226).

Los capítulos correspondientes al curriculum de Pérez, el carteo con Stewart y las conversaciones con Vicente están destacados en negrillas, dada la importancia que tienen ambas secuencias para definir la problemática del visapidiente. El curriculum y el carteo describen el periplo vital de Pérez, sus hechos concretos, menudos o importantes; las confesiones a Vicente son análisis políticos, sociales y culturales que intentan explicar a Pérez como héroe degradado en un mundo degradado. Se confrontan ambos en un intento de articulación de la instancia particular y general. La "Encuesta", también en negrillas, es otro de los ángulos desde los cuales se disecciona a Pérez, desde la perspectiva de quienes lo conocen. Se ofrece así una pluralidad de puntos de vista narrativos cuyo grado de profundidad de visión privilegia la descripción de comportamientos y pensamientos. Para tal fin se utilizan la primera persona, recurso a través del cual Pérez se nos presenta como analista social y como conciencia aguda de sí mismo, y la tercera persona, con la cual participamos de su conducta y del buceo interior que suscitan las diversas situaciones en que se encuentra. La tercera persona permite que Pérez sea contemplado desde la perspectiva del narrador y desde el ángulo particular del conocimiento y la experiencia que cada personaje de la novela tiene acerca del protagonista.

El curriculum y las cartas tienen otra particularidad tipográfica, además de las negrillas, como es el uso del formato itálica, reproducido en las citas hechas anteriormente, y que evidencia una escritura dentro de la escritura —a modo de caja china. Pérez es un escritor frustrado, aparentemente más dotado para hablar que para escribir, y decimos aparentemente porque la estructura de caja china a la que aludíamos pareciera tener tres partes. Además de la narración misma y los escritos de Pérez, el capítulo XXXIV, sin título, es un largo buceo perteneciente a una novela de Pérez, escrita un par de años antes de su muerte. Curiosamente, el narrador modifica la enunciación de tercera a primera persona para decir:

> Las escaleras allá, terminando en una azotea desnuda, sin cortapisas, sin nada más que los intentos del zambullidor-buceador y AP [se refiere a Alberto Pérez] en el borde, tras dejar las escaleras, y la distancia preexistente el segundo pasado. El leitmotiv eterno entre el nacer y el morir —¿lo oyó? Creo que esa es la clave. Lo tenía prefijado desde hace tiempo. No creo que se deba culpar a nadie. Desde luego, al llegar hasta mí la investigación ha adelantado mucho. *Pero no creo que la encuesta debe continuar.* Me parece (p. 332). (las cursivas son nuestras).

Este capítulo de novela dentro de la novela forma parte de las encuestas, como una contribución de Isabel, amiga y amante de Beto, a los afanes esclarecedores del encuestador. Alberto Pérez o, para aplicar el rigor teórico, el narrador de la novela escrita por él, sabe de la existencia de la encuesta e incluso la impugna. La salida de Alberto Pérez, según lo narrado en los capítulos anteriores, fue el suicidio, ¿hay entonces otra salida? ¿La escritura? Fijar el pasado, entender el presente, imaginar un futuro en que Elena, la esposa del protagonista, y sus hijos no deseen marcharse del país. ¿La literatura como ejercicio totalizante y justificación vital? ¿Novela-caja china con una escritura, Alberto Pérez novelista, que encubre a otra donde Alberto Pérez es considerado exclusivamente una ficción, y ésta, a su vez, asume la condición de escritor de Beto con el ardid de la transcripción de las cartas y el currículum? ¿Por qué tanta complicación estructural?

Tentaciones de la modernidad tardía dominicana. Epígono del "boom"; emulación de las audacias sólo para lectores machos, recordando a Cortázar. Sí, por supuesto, pero hay algo más: darle forma narrativa a la ruptura de una dicotomía. Visa o anulación; darle salida a una insatisfacción profunda respecto a la modernidad dominicana, desde recursos de la modernidad; dudar de la Historia, con mayúsculas. Podría entonces plantearse entre tanto y contemporáneo escepticismo, una salida hasta romántica en su ingenua confianza: creatividad cultural. La literatura como ejercicio salvador, indagación y explicación del mundo. Una desesperada forma de rebelión que intenta situar la reflexión como ámbito de ruptura contra el status vigente. Dos hilos conductores, historia e intrahistoria, suponen la coherencia de este complejísimo *Curriculum (el síndrome de la visa)*. ¿Hacia dónde apunta esta ansiedad indagatoria?

### *Curriculum en venta: las teorías no tienen mercado*

Las secuencias se reparten en dos cauces que en el capítulo XXI se unen y explicitan abiertamente a través de un nombre y apellido: Beto Pérez. En los anteriores capítulos Beto y Pérez aparecen como dos personajes diferenciados en época y edad. Entre la euforia de los sesenta y la resignación de los setenta se desarrolla el texto. Esta separación intenta presentar el clásico binomio joven revolucionario-hombre desengañado bajo una nueva perspectiva, pues Pérez no reniega de sus ideas, sólo duda de la factibilidad de su proyecto. No se trata tampoco del clásico esquema idealismo-pragmatismo que cierto izquierdismo romántico ha querido exaltar como un modo de convencernos de la traición y de la "infelicidad" inherente a tal pragmatismo. Pérez no es pragmático en lo absoluto. Su pensamiento es el mismo de su juventud y en el fondo continúa siendo el niño mimado por las mujeres de su familia, aunque ahora se trate de amantes y no de sus tías. Se plantea algo mucho más complejo: la crítica a la izquierda desde la izquierda.

Antes habíamos mencionado dos aspectos, uno de ellos relacionado con el uso de largos discursos teóricos como parte de la novela y otro ligado a la conexión entre la historia personal y la colectiva. *Curriculum (el síndrome de la visa)* es uno de esos textos escasísimos donde el discurso abiertamente político posee funcionalidad, no es un simple agregado o superposición: constituye la explicación de Pérez a su propia situación.

Pérez como intelectual siente la honda necesidad de transformar una realidad que limita su propio ejercicio cognoscitivo y artístico. Muchos intelectuales latinoamericanos sienten el imperativo vital de un cambio radical, precisamente por las limitaciones inherentes a sociedades cuyo subdesarrollo obstaculiza la labor cultural y científica. Pérez busca en la historia la respuesta del porqué de su fracaso personal. Su perspectiva podría ser vista como una simple demostración de individualismo, si no fuese porque los grupos intelectuales siempre han tenido y tendrán sus propios intereses, por ende, la problemática de Pérez no es meramente suya, pertenece a un determinado sector de nuestras sociedades. El privilegio de este sector respecto a las clases populares es poder optar por el exilio cómodo y pagado; su coincidencia con ellas es la ruptura con un proyecto de nación que les da la espalda.

Pérez escoge, como muchos intelectuales de su momento, el marxismo. Se adhiere convencido al antiimperialismo, la crítica a la cultura de masas, el feminismo y la búsqueda de un proyecto nacionalista. Replegados los movimientos populares, él continúa en sus trece. ¿Es ésta la alternativa? No, por varias razones. Una de ellas es que las sistemáticas y coherentes teorías que Pérez sustenta no ofrecen, a estas alturas, otra salida que atenerse a la fatalidad de una historia equivocada. El dominio de Estados Unidos es cada vez mayor, la fuga de cerebros se intensifica y el tercer mundo se depaupera cada vez más. Los gobiernos nacionales ejercen a las anchas su ineficacia y su corruptela y las masas populares no tienen voz. El texto no niega al marxismo latinoamericano, simplemente le hace una pregunta: y entonces, ¿qué hacemos ahora? ¿Irnos? La Moa que lo insultaba por pequeñoburgués, vive en Nueva York como muchos correligionarios. ¿Somos un estado más de los Estados Unidos, dada nuestra condición de colonia, y por tanto hay que aprovecharse de la situación? Pérez no se resigna a una ciudadanía de tercera por más que argumente a favor de la idea anteriormente expuesta.

Quizás la clave resida en el fracaso de la izquierda latinoamericana; el fracaso de un proyecto histórico donde abundaron los Pérez y no esos sectores a los que se intentaba liberar. Este personaje no es el mártir que él cree y quiere ser, tal como lo evidencia su rapto imaginativo en el que su hijo Boris es Jesús y él es San Juan, escuchado por los mendigos en su arenga comunista. Pérez es un anacronismo. Como dice Margarita Fernández Olmos, su individualismo, su machismo vernáculo que lo lleva a maltratar a su mujer y a sacarle dinero a sus amantes, su incapacidad de asumir la responsabilidad presente y contemplar su realidad más cotidiana [21] pone en evidencia que es un individuo incapaz de llevar a cabo ese proyecto social al que está adscrito ideológicamente. Es difícil imaginar un "mundo nuevo" construido por un grupo de Betos Pérez. La distracción del personaje respecto a su entorno es tal que no pudo entrever que su hija se identificaba más con él que Boris. Para Pérez las mujeres tienen una sexualidad animal y nada más, a pesar del discurso feminista que le hace oír a Isabel, una de sus amantes. Tampoco imagina que Elena está mucho más clara que él; de hecho al final decide no marcharse del país y mucho menos a EUA. El discurso de la izquierda se ha estancado en el pasado y le vuelve la espalda al presente. Olvida, por ejemplo, que el machacar acerca del pavoroso impacto de la cultura de masas norteamericana, no es suficiente para sacarlas de las mentes de los Pérez y toda la sociedad. Está en esa vida cotidiana, en esa historia de todos los días que la vieja épica izquierdista siempre ha menospreciado. El contacto de lo cotidiano con la gran historia modula a Pérez, explica su fracaso: toda la teoría del mundo no es suficiente para borrar a las luminarias de Hollywood, el cine y lo que implica el poderío norteamericano.

El discurso político-social es indagación sobre la propia exstencia, pero es también retórica. La clave paródica quiebra la coherencia cognoscitiva de las parrafadas y la chata realidad intrahistórica disloca la seguridad teórica y la capacidad analítica:

> ¡Ah, si lo mandaran de nuevo a Cuba, a estar de cerca, a vivir muy próximo a sus héroes de este siglo, Fidel, el Che! Pero tal vez no, tal vez lo dejarían en el país realizando labores que implicaran la escritura, el desciframiento del pensamiento dialéctico, decir a todos cómo se originaba el recorrido dialéctico a partir de la conversión del dinero en capital y su generación, como elemento básico y fundamental de la plusvalía (. . .). Marta le chupaba las tetillas como si él fuera una mujer. Bueno, a Beto

---

21 Margarita Fernández Olmos. "La narrativa dominicana contemporánea en busca de una salida", en *Revista Iberoamericana,* Pittsburgh, N° 142, vol. LIX, enero-marzo 1988, p. 81.

> lo llevó La Moa frente a Juan B. y algo querrán con él. "¿Qué será lo que desean? Podría ser un trabajo intelectual, explicar que la compra y venta de la fuerza de trabajo es la iniciadora de la gran pobreza de la masa que viene a ser el hueso y la gran riqueza de unos cuantos, de los capitalistas. "¡Ah, Juan B. está abriendo la boca y que bien le queda su sombrerito proletario, así, de ladito, como James Cagney en ¿qué película? Ajá, en una de pandilleros juveniles (pp. 27-28).

Pérez reconoce que Marx pasa al olvido ante la primera buena hembra (p. 37), aunque a veces, mientras admira el tongoneo de una muchacha, reflexiona enjundiosamente sobre la sociedad. Aduce que la culpa de los revolucionarios respecto al sexo se parece mucho a la culpa religiosa (p. 55). Y la opción de matarse, que le dan sus compañeros de partido una vez que Beto se "quema", tiene reminiscencias de martirologio cristiano. La religión política, como diría Octavio Paz. No se trata de explicar el fracaso de un proyecto político exclusivamente a partir del hedonismo de Beto, resabio pequeño burgués dirían algunos, de su irresponsabilidad y defectos personales. Está implícita la crítica a una organización política asida a una axiología propia de los constreñimientos religiosos. El ansia totalizante borra lo específico en aras de la generalización macroestructural, y los proyectos sociales segregan a los sectores que en principio quieren redimir.

Ilustremos esta última afirmación. Los análisis marxistas, sin negar su relevancia, han pecado de mesianismo y se han rasgado las vestiduras ante los medios de comunicación. Las consideraciones generales sobre el origen y la intencionalidad ideológica de la imagen han sumergido en el olvido las consideraciones tendientes a establecer no sólo los recursos para apoderarse de la atención del colectivo, sino también el porqué la masa —término inexacto e irrespetuoso de especificidades— consume lo ofrecido por los medios. El lugar común de la teorización marxista en este sentido, enfoca al pueblo como un receptor pasivo, completamente maleable. Es evidente el fatalismo de la situación, pues es poco probable que los medios disminuyan su influencia. Una posibilidad, tal como la planteamos en el capítulo anterior, es que los sectores populares impriman sus propias expectativas y problemáticas al ámbito de la diversión en masa; éste sería el punto de partida básico para una reflexión menos paternal sobre el asunto. Pero hasta el momento, los planteamientos macroestructurales —hegemonía, poder económico, intereses elitescos, correlación social— han negado el reconocimiento de las diferencias y expectativas históricamente establecidas en el colectivo. Tal generalidad proporciona la tranquilidad teórica que implica contemplar al pueblo como entidad redimible, sin mácula: el pueblo de dios, casi; o, más científicamente, como una abstracción. Que la situación no se transforme es otra cosa; culpas del imperialismo. Ahora bien, la situación se agudiza cuando en vez de hablar del pueblo, se observa a un revolucionario, quien reconoce que años de militancia y preparación ideológica no han sido suficientes para borrar las pulsiones internas que lo conducen fatalmente a la reverencia pronorteamericana. Beto Pérez aduce que él es un "penetrado", un alienado, y se disculpa de sus errores con ello. Frente a la coherencia, la sistematicidad y la conciencia política, se impone la cotidianidad de la imagen y su modelación de lo afectivo como fuerza imposible de rebatir: En *Curriculum* (*el síndrome de la visa*) es evidente la adhesión a las críticas de los medios de comunicación, pero no sin contradicciones. Al igual que en relación a las disquisiciones políticas y sociales, a la potencia cognoscitiva y reflexiva de los análisis comunicacionales se impone un quiebre: la imposibilidad de constituir con ellas una praxis transformadora. Recordemos que la salida final en el texto es la literatura, la ficción, mucho más que el discurso de las ciencias sociales *per se*.

Además, el reconocimiento del poder de los medios no es sólo un juego reflexivo del personaje. El lenguaje mismo de la novela expone muy claramente esta situación y parodia el de la publicidad. Una de las características del lenguaje publicitario es el uso de estrategias tendientes a convencer a toda costa al público consumidor. El texto se apropia de instrumentos propios de dichas estrategias: sintaxis dinámica y llena de ritmo interior, juegos de palabras [22] y recursos tipográficos. Beto mismo en sus cartas y en su curriculum se ofrece al cónsul como un producto atractivo pero caro y difícil de conseguir. En aquella humillante autodescripción, el personaje narra una odisea personal que une lo político a una sexualidad degradada en donde el placer es quizás el último objetivo. Al fin y al cabo la

---

22 *Ibid.*, p. 76.

sexualidad para Beto constituía un arma que le permitía conseguir determinados beneficios de las mujeres: ser ayudado económicamente, no ser abandonado o, simplemente, ser escuchado como en el caso de Isabel. En medio del avasallante mundo de la publicidad y la promoción, no es raro que las personas se oferten en el mercado.

Ahora bien, el uso de este lenguaje publicitario constituye un recurso irónico tomando en consideración el rechazo del protagonista al próspero mundo publicitario que en repetidas ocasiones le ofrece Monegal. Pero, lo más importante es que explicita la conexión de la obra con la cultura de masas. Se parodia un lenguaje y se le provee de una función narrativa y ficcional de la que carece en el contexto original al que pertenece, y además se patentiza su relevancia social actual. Así, la cultura de masas y el discurso político son enfrentados en una competencia cuya última conclusión es que las teorías ya no tienen mercado, porque no le sirven para gran cosa al público.

## LA HISTORIA: ¡QUE FATALIDAD!

En *Sobre tumbas y héroes* y *Curriculum* (*el síndrome de la visa*), notamos una voluntad constructiva abocada a integrar estrategias discursivas historiográficas al ejercicio narrativo. Castillo prefiere el discurso del materialismo histórico, entre los discursos posibles, y adopta un estilo expositivo y analítico —sin abandonar la ironía y la parodia— donde cada rasgo, elemento, tendencia o suceso poseen una explicación y ejercen una influencia dentro de la dialéctica dominados-dominante. Los capítulos dedicados a Beto y Vicente hacen gala de este estilo, pero, en mayor o menor grado, está presente a lo largo de todo el texto:

> Todo lo que un pueblo pasa se debe a una consecuencia histórica. ¿Crees que los alemanes se alegraron con Hitler? Hitler simplemente fue una consecuencia histórica del caos de su época, de la poca asimilación de las corrientes revolucionarias. Y lo mismo la Italia fascista. ¡Ah, Boris, es todo tan fácil! Fíjate, no se puede correr sin aprender a caminar; no se puede nadar sin aprender a flotar. Una cosa lleva a la otra hijo mío. Esto que llamas frustración es la consecuencia lógica, si así deseas llamarlo, del apretar de la historia. Este mismo subdesarrollo, esta misma forma de vida,

> este batallar cotidiano por el pan, tiene su explicación lógica. Es algo histórico. ¿Te imaginas si los maricones españoles no hubiesen perdido frente a los ingleses el poderío de los mares? Así, Boris, este subdesarrollo es el resultado de una derrota de hace siglos; de una inquisición que se cebó en España por su debilitamiento y de nosotros sus vasallos y sostenedores por carambola (p. 157).

El uso de esta estrategia revela un reconocimiento del valor analítico del discurso histórico materialista, capaz de relacionar sistemáticamente los orígenes, lejano y cercanos, de la actualidad dominicana. Discurso histórico materialista e historia se funden entonces en una sola denominación. Que se desconfíe del valor de esta práctica en términos de una transformación a fondo de la sociedad, no tiene por qué negar defintivamente sus capacidades explicativas. Al fin y al cabo no es culpa del discurso histórico, diría un experto, si la historia es, utilizando un término popular dominicano, una tremenda fuñenda.

*Sobre tumbas y héroes* se erige en base a premisas distintas. Los discursos históricos son cuestionados por sacrificar lo específico, lo inusual, a la racionalidad metodológica. Virgilio, que representa un patriotismo en decadencia pero que funge de conexión con un pasado no conocido, enfrenta a Emanuel con las limitaciones de concepciones que privilegian exclusivamente lo documentalmente comprobable, sobre el aserto de que es lo verdadero y de que no ha sufrido transformación alguna al momento de su escritura. Propone la tradición oral, las crónicas con aire de literatura, las suscitaciones de lo cotidiano como voces tan dignas de ser escuchados como las disquisiciones de los discursos "científicos", tan caros a Emanuel. Y es que si la única posibilidad de abordaje de la historia es la defendida por Emanuel, habría que resignarse a perder para la memoria un sinfín de acontecimientos, no recogidos por escritura alguna, o cuya escritura no es oficialmente aceptada en las bibliotecas especializadas. Se propone, entonces, la comprensión de una cultura como pivote de la comprensión de la historia; una cultura es literatura, espiritismo, influencias exógenas, tradiciones populares, vida cotidiana y mucho más. Al insistir en la tradición oral, la crónica y el espiritismo, el planteamiento básico es que todas estas prácticas son historia actuante y algo tienen que decirnos sobre ella. Al momento de apropiarse de una estrategia ligada a la práctica discursiva histórica, se opta entonces por la crónica, género alternativamente rechazado o aceptado por dicha práctica, con lo cual se deja entrever la intención de favorecer, dentro de ésta, registros marginales.

En ambos textos, la dimensión intrahistórica se integra, deconstruye o, simplemente, se enfrenta a los discursos canónicos, en particular a la intencionalidad de los mismos como elementos de transformación social. La parodia o crítica del hombre de izquierda no es una novedad. Lo importante de estos textos es que dicha crítica no se concreta desde el poder oficial, caso Vargas Llosa en *La historia de Mayta,* sino desde una perspectiva que atestigua la decadencia de una opción histórica sin convalidar el estatus vigente. Tal perspectiva se transmite en esa intuición común de los dos relatos en cuanto a la vivencia histórica misma y las limitaciones de los discursos que tratan de dar fe sobre la misma. En este sentido se explicita una convergencia cuya índole no es meramente casual sino parte de un proceso general de reflexión sobre el pasado y el presente, que engloba la producción cultural de nuestro continente en estos momentos.

Vivencia histórica y discurso histórico. Cabría interrogarse sobre la perspectiva que acerca de ambas instancias se desprende de *Sobre tumbas y héroes* y *Curriculum (el síndrome de la visa)*. En la primera, Virgilio se encuentra con Bauren, Brugman y su esposa Mercedes, en un irreverente final feliz. La historia pareciera ser corregible, el delator puede ser reivindicado e irse al cielo y la culpa individual (y colectiva) de un pueblo se borra a través del rescate de la memoria nacional. No obstante, el escepticismo matiza y limita esta propuesta: ¿Qué pasa con el proyecto nacionalista del presente? No parece haber respuesta en este sentido más allá de la insistencia en el pasado. No es casual que Emanuel, felizmente unido a Guiomar, piense en una monografía titulada: "Segundo Ruiz Belvis en Chile: ¿Asesinato político o muerte natural?". En *Curriculum (el síndrome de la visa)*, la historia dominicana es un serrucho. Semejante metáfora no deja lugar a dudas acerca de esa suerte de sino trágico de los cinco siglos del descubrimiento. El pasado, en Vega, la literatura en Castillo, consuelan de la imposibilidad de dominar el presente. Así, la historia es concebida en definitiva como una fatalidad de la que algunos discursos nos hablan.

## V

## ENTRE ISLAS, UNA FRONTERA

Cuando Walter Mignolo propone teorizar en base a fronteras culturales se refiere a las divergencias internas que quiebran la noción de literatura hispanoamericana como entidad armónica; [1] visto así, el planeamiento de Mignolo no implicaría ninguna novedad, puesto que tal diferenciación ya fue anotada por Antonio Cornejo Polar, quien por cierto indica la existencia de varios sistemas culturales [2] en el continente, uno de los cuales sería por ejemplo el área cultural de marcada impronta indígena. Andrés Avellaneda tercia al respecto diciendo que la literatura latinoamericana es una multiplicidad heterogénea, a veces sin conexión aparente.[3] Lo interesante del planteamiento de Mignolo es que apunta al concepto mismo de literatura *hispanoamericana,* el cual excluiría producciones como la chicana, por ejemplo,[4] pero, en nuestro caso, más aún que este aspecto interesa la constatación de la existencia de fronteras culturales en el continente que imponen un enfoque comparatístico y que obligan además a teorizar sobre prácticas locales,[5] antes de proponer enfoques generales sobre grandes procesos regionales. Mignolo plantea una diferenciación entre el crítico como sujeto hermenéutico —inscrito en una tradición y aspiración hispanoamerica-

1 Walter Mignolo. "Teorizar a través de fronteras culturales", en *Revista de Crítica Literaria Latinoamericana,* Lima, Nº 33, año XVII, 1er. semestre de 1991, p. 105.
2 Antonio Cornejo Polar. "Los sistemas literarios como categorías históricas", en *Revista de Crítica Literaria Latinoamericana,* Lima, Nº 29, año XV, 1er. semestre de 1989, pp. 20-21.
3 Andrés Avellaneda. "Marcas ochentistas en la historiografía latinoamericana: un repaso de la cuestión", en *Revista de Crítica Literaria Latinoamericana,* Lima, Nº 29, año XV, 1er. semestre de 1989, p. 71.
4 Walter Mignolo. *Ob. cit.,* p. 109.
5 *Ibid.,* p. 108.

nistas— y el crítico como sujeto epistemológico,[6] que entra en contacto con una producción cultural cambiante y diversa, que muchas veces desborda el marco de esa tradición. En el nivel epistemológico sitúa Mignolo el estudio de las prácticas discursivas locales.

La importancia de esta concepción es vital para nosotros al momento de enfrentar la espinosa cuestión acerca de la posible existencia de un sistema literario del Caribe Hispánico. En primer lugar, una de las hipótesis de más peso en los estudios sobre el Caribe es la posible existencia de una literatura caribeña. No entraremos a discutir tal concepción por la sencilla razón de que sólo hemos estudiado el área hispánica; no obstante, si proyectamos algunos primeros e incompletos resultados acerca de la misma al resto del Caribe, imaginamos que es difícil englobar producciones tan diversas en una sola noción: las literaturas caribeñas se distinguen por su diversidad lingüística y por haber recibido impactos metropolitanos muy diferentes. Es en este punto donde pensamos que es indispensable el estudio de prácticas locales, sin negar, ya como sujetos hermenéuticos, la posibilidad de un subsistema literario caribeño.

Angel Rama afirma que si bien es cierto que existen regiones culturales que cubren países enteros —una de las cuales podría ser el Caribe—, también es verdad que dentro de un mismo país, y alude precisamente a Puerto Rico, pueden delimitarse igualmente tales regiones.[7] Agréguese a esta situación la fragmentación de las culturas isleñas y su debilidad frente a las influencias externas y tendremos, esquemáticamente, una primera idea de los resultados de una comparación entre República Dominicana y Puerto Rico. Por otra parte, y aunque la pulsión modernizadora equilibra las divergencias locales, los gobiernos y sectores hegemónicos imponen determinados conceptos de nación y determinados proyectos nacionales que fungen de factores de cohesión interna y diferenciación externa.[8] Así la recepción de influencias y las rupturas y cambios de una formación discursiva dependerán grandemente de la evolución

---

6 *Ibid.*, p. 109.

7 Angel Rama. *Transculturación narrativa en América Latina.* México, Siglo XXI, 1982, p. 58.

8 *Ibid.*

particular de cada nación,[9] sobre todo en el marco del aislamiento isleño, y de la posición y características de los grupos intelectuales actuantes.

Una diferencia básica es la estructura y función de los sectores intelectuales de ambas sociedades. Puerto Rico ha sufrido las consecuencias de una ciudadanía de segunda o tercera categoría y, paradojas de un colonialismo extrañamente paternalista, ha usufructado por medio de subsidios, controladas oportunidades educativas y una migración presa entre las miserias del Bronx y las muelles comodidades del "American way life", las ventajas de estar "libremente" asociada al estado capitalista más poderoso del mundo. La intelectualidad puertorriqueña, radicalmente enfrentada al colonialismo y víctima de una penetración cultural descarada que oficializó una lengua extranjera en detrimento del español, posee al mismo tiempo la posibilidad de acceder a productos culturales internacionales que alimentan un ejercicio de asimilación creativa altamente fecundante. Por otra parte, la modernización de los cincuenta trajo como consecuencia que desde la década del sesenta la población urbana significase el 60% de los habitantes del país y proliferase la clase media, burocrática y profesional.[10] Tal situación propició un crecimiento de la intelectualidad y articuló el ejercicio literario a una praxis moderna, como variable dominante, con plena conciencia de la escritura como oficio y de su valor social en términos de su autonomía y no de su instrumentalización política. La apasionada actitud militante de los sesenta penetró a los creadores de todo el continente, pero mientras en el resto de Hispanoamérica este factor conllevó a un grave estado de agitación que enroló a numerosos jóvenes en la acción directa, en Puerto Rico el abierto coloniaje norteamericano sirvió de escudo en contra de cualquier exceso en este sentido. La relativa estabilidad puertorriqueña, obtenido por el humillante medio del coloniaje, permitió la consolidación de una estructura cultural más conveniente, que se sumó a las diversas condiciones antes enumeradas. Así, en Puerto Rico un grupo nutrido de escritores ha constituido en las dos últimas décadas una interesante, variada y original producción.

---

9 George Yúdice. "¿Puede hablarse de postmodernidad en América Latina?", en *Revista de Crítica Literaria Latinoamericana,* Lima, Nº 29, año XV, 1er. semestre de 1989, p. 106.

10 *Ibid.,* p. 457.

Los escritores han querido definir una experiencia sociohistórica distinta a la colonial,[11] funcionando así como sector relativamente autónomo, que atiende tanto al pulso social como a su propia labor. Ciertamente, no es nuestra idea suspirar por las comodidades de la intelectualidad puertorriqueña. Incluso, autores como Julio Ortega, cuya opinión nos parece parcialmente discutible en este sentido, le atribuyen aislamiento, dispersión en pocos centros —ateneos, universidades de la isla y de Norteamérica, grupos— y carencia de proyectos políticos alternativos, dada la situación colonial.[12] Lo evidente es que el contexto concreto de participación del intelectual comporta un grado de autonomía y contactos internacionales que no poseen los grupos culturales de otras regiones del Caribe Hispánico. Ahora que la difusión de la literatura puertorriqueña comienza a sorprender a los hispanoamericanos, no sólo por su calidad, sino por la cantidad de escritores, en los que figura un número apreciable de mujeres, se hacen palpables una gama de posibilidades que estarían muy lejos de disfrutar otras islas del Caribe u otros países de Centro y Suramérica.

Los grupos intelectuales dominicanos han padecido un muy distinto destino. Muchos de sus miembros provienen de proyectos izquierdistas fracasados y poseen educación universitaria, lo cual explica su afán de esclarecimiento y, a la vez, ayuda a entender su pertenencia a una élite cultural opuesta a un sistema político-social, que la mayor parte de la población si no ha aceptado plenamente por lo menos no ha rechazado de manera sistemática y organizada. Esta élite funcionó y funciona, pues, con cierta autonomía dentro de su sociedad, y es capaz de aportar un proyecto estético rebelde a la penetración norteamericana y al caos interno; por ello mismo, los intelectuales dominicanos postergaron, inclusive hasta los años ochenta, la escritura en aras de la militancia.[13] La inestabilidad no permitía el tiempo y reposo necesarios para decantar alternativas estéticas distintas; en los sesenta, muchos escritores se vieron

---

11 Ricardo Campos y Juan Flores. "Migración y cultura nacional", en *Puerto Rico: identidad nacional y clases sociales, ob. cit.*, p. 81.

12 Julio Ortega. *Reapropiaciones.* Cultura y nueva literatura en Puerto Rico. Río Piedras, Editorial de la Universidad de Puerto Rico, 1991, p. 76.

13 Pedro Peix. *La Narrativa yugulada,* Sto. Domingo, Editorial Alfa y Omega, 1981, p. 20.

empujados a abandonar la literatura,[14] tanto por el imperativo del ejercicio político como por la falta de instituciones y recursos editoriales, situación que se prolonga hasta hoy. El número de creadores en República Dominicana es considerablemente menor al de otros países de América y, lo que es más grave, las posibilidades de una obra cabal que vaya más allá de una novela es poco menos que una hazaña.[15] Ligado a ello, un público reducidísimo —incluso en relación con públicos lectores de otras regiones como Venezuela— y la poca recepción crítica a nivel interno y externo —relacionado este último punto con el poco acceso a las editoriales internacionales—, impiden la consolidación de una praxis literaria renovadora y sólida.

Margarita Fernández Olmos afirma que la narrativa dominicana se define por su capacidad e intención de explorar y reconstruir la historia no oficial de su nación. Es una "literatura de derrotados", en palabras de Angel Rama,[16] que se orienta hacia los porqué de la derrota. Los puertorriqueños se identifican con este interés por la historia y, por supuesto, con la resistencia ideológica al colonialismo. Estos dos sistemas literarios están marcados por la existencia de éste y sus consecuencias en los diversos ámbitos de la vida social. No obstante, es importante hacer notar que el carácter de república independiente de República Dominicana ha producido otro pivote para su práctica discursiva: el trujillato, su existencia y persistencia en la sociedad dominicana. Aunque muy relacionado con el colonialismo, adquiere relativa independencia de éste como huella a la que el ejercicio literario moldea y da diversas expresiones dentro de un sistema literario específico. El caso boricua no posee como estado asociado un período político semejante, por lo que el colonialismo y la resistencia cultural es el centro de toda su práctica discursiva. Los proyectos nacionales en República Dominicana han sido tema de discusión hasta años recientes, mientras que en la isla vecina la particular situación colonial ha privilegiado la supervivencia cultural en detrimento de la praxis política. La literatura puertorriqueña de hoy es una voz

---

14 *Ibid.*, p. 25.

15 José Alcántara Almanzar "Sobre literatura dominicana 1965-1985", en *Hómines*, San Juan, N° 2, Vol. 13; N° 1, Vol. 14, 1989-90, p. 330.

16 Margarita Fernández Olmos. "La narrativa dominicana contemporánea en busca de una salida", en *Revista Iberoamericana*, Pittsburgh, N° 142, vol. LIX, enero-marzo 1988, p. 73.

disidente dentro de una isla que por cierto acaba de escoger la pertenencia a EUA como camino adecuado. La praxis narrativa vivencia dos inserciones muy distintas en la modernidad: si Puerto Rico recoge las sobras del capitalismo norteamericano, República Dominicana ni siquiera tiene tan discutible privilegio.

En las cuatro novelas son notables las diferencias a nivel de las estrategias discursivas y de la inserción en sus respectivas tradiciones. Es un violento contraste observar que los textos dominicanos que son un casi heroico intento de quiebre cultural en el marco de una tradición débil, al ser comparadas con las producciones puertorriqueñas, o de otras partes del continente, quedan a la zaga desde todo punto de vista. Los textos puertorriqueños estudiados no sólo cuentan con una tradición sólida, sino que implican una doble ruptura literaria interna y externa. Ciertamente ambas formaciones discursivas comienzan a presentar visibles signos de cambio en los sesenta y es innegable que obedecen a estímulos internacionales semejantes, pero, la diferencia fundamental estaría en la manera en que estos cambios y adquisiciones se concretan en una práctica discursiva. En ambas literaturas se intenta recrear las innovaciones de la novela moderna, aspectos de la cultura de masas, el lenguaje y la cultura popular,[17] la sexualidad y la vida cotidiana, pero es muy distinto el estatus actual de la literatura boricua en cuanto a sus homólogas hispanoamericanas que la posición ocupada por la producción dominicana. Pero las diferencias de ambas literaturas, en este sentido, tienen una explicación en las particulares evoluciones de ambas.

Cuando Pedro Peix habla de "narrativa yugulada",[18] uno no puede menos que preguntarse si semejante adjetivación agónica no es una "boutade" propia de los cortocircuitos generacionales. No obstante, diversos estudios, tanto literarios como de otras disciplinas,[19] coinciden en señalar que la producción intelectual durante el trujillismo fue escasa y que, como dice Peix, luego de la muerte del dictador no surgió del anonimato manuscrito alguno, capaz de inmortalizar a un escritor fallecido

---

17 José J. Beauchamp. "La novela puertorriqueña: una estructura de resistencia, ruptura y recuperación", en *Casa de las Américas*. La Habana, Nº 124, año XXXII, enero-febrero 1981, p. 69.

18 Pedro Peix. *Ob. cit.*

19 Obras de: Roberto Cassá en colaboración con otros autores, José Alcántara Almanzar, Pedro Peix.

en el exilio, o de glorificar a un narrador vivo pero antes silenciado. Excepto Juan Bosch y el caso menos conocido de Pedro Mir, ningún narrador dominicano se dio a conocer en el exilio con una obra en cantidad y, sobre todo, calidad suficientes como para que trascendiera interna y externamente. Distinto destino, en parte, tuvo la poesía, cuyas características particulares la hacían posible de una mayor capacidad de difusión y disimulo ideológico ante el régimen.[20] No conocemos ningún estudio que rescate la producción intelectual, en general, del reinado del "Jefe" Alcántara Almanzar, Peix y Roberto Cassá coinciden plenamente en las capacidades esterilizadoras de la férrea censura sistemáticamente aplicada y de un monolítico concepto de la nación como fuerte inexpugnable e indivisible. Si la ensayística de principios de siglo se empeñó en definir un proyecto viable de nación independiente y se publicaron novelas sobre el auge azucarero y sus consecuencias,[21] sus homólogos durante el trujillismo tuvieron un espacio mucho menor para desarrollarse.

A la instrumentalización política, la censura y el aislamiento, se agrega la débil tradición novelística del país. Este último aspecto es básico para entender la lentitud con que la novela quisqueyana ha concretado sus búsquedas particulares. Súmesele a lo anterior que la narrativa dominicana sólo ha estado en sincronía con la hispanoamericana durante el período criollista,[22] el cual, por otra parte, tuvo particular vigor en un país fundamentalmente agrario y dio una figura de la talla de Juan Bosch.

Bosch, al igual que René Marqués en Puerto Rico, es una figura indiscutida de la narrativa dominicana y, según Efraín Barradas, aún no ha sido cuestionado y discutido a fondo por las nuevas generaciones, quienes lo respetan por su actuación personal y por lo que significó su obra literaria.[23] Bosch, que tuvo la oportunidad de salir al exterior como exiliado, no fue capaz de absorber las influencias renovadoras que tanta impor-

---

20 Roberto Cassá y Otto Fernández. "Cultura y política en República Dominicana: la formación de la identidad histórica", en Hugo Zemelman (coord.). *Cultura y política en América Latina.* México, Siglo XXI, Editorial de la Universidad de las Naciones Unidas, 1990, p. 246.

21 *Ibid.,* p. 245.

22 Pedro Peix. *Ob. cit.,* p. 7.

23 Efraín Barradas. "La seducción de las máscaras: José Alcántara Almanzar, Juan Bosch y la joven narrativa dominicana", en *Revista Iberoamericana,* Pittsburgh, Nº 142, Vol. LIX, enero-marzo 1988, p. 13.

tancia tendrían en la eclosión del "boom". En los años sesenta la influencia de Bosch continuaba por sus fueros entre escritores jóvenes, identificados con la problemática social que sustentaba los cuentos del viejo escritor.[24] La égida de Bosch en aquellos momentos implicaba la negativa de romper el esquema escritor-político —con el consiguiente detrimento de la actividad literaria—, la asincronía con la producción continental, que tenía unos cuantos años ajustando sus cuentas con el largo mandato criollista, y, muy importante, simbolizaba la falta de recursos propios con los que se encontrarían las nuevas generaciones al momento de enfrentar la avalancha estética del "boom". La incidencia de éste fue mediatizada por la falta de una tradición propia pasible de ser rápidamente fecundada por aportes novedosos.[25] Cuando comienza a dar fruto la llegada del "boom", este había decaído sensiblemente[26] y a los dominicanos les tocó un rol de epígonos del cual no se han desprendido aún.

Del 65 al 85 se mantienen la poca preocupación formal y la politización como variables de peso dentro de la formación discursiva; no obstante, los setenta son testigos de modificaciones como la aparición de El Pluralismo,[27] grupo que trató de instaurar una conciencia de la escritura y del oficio, representado o adeläntandose a escritores que se abocan a la experimentación estética propiamente dicha. En este marco, pensamos que lo más importante que ha ocurrido es la entrada de la vivencia urbana y la confrontación con los medios de comunicación de masas, en tanto que se han abierto posibilidades inéditas dentro de la formación discursiva. El intertexto con la cultura popular en *Sólo cenizas hallarás* (*bolero*) implica no sólo un cuestionamiento frontal a la alienación del individuo a formas de vida triviales o ajenas —suscitadas por los medios como penetración ideológica— sino también la necesidad de explorar vías de acceso al público. El intertexto de *Curriculum* (*el síndrome de la visa*) con la publicidad, la utilización del concepto de montaje, así como la alusión al *Ulises*, de Joyce, aspiran a modelar una praxis que rompa con el aislamiento y certifique su apertura a un ejercicio estético plenamente conciente. En el

---

24 Pedro Peix. *Ob. cit.*, p. 16.
25 *Ibid.*, p. 24.
26 *Ibid.*, p. 29.
27 José Alcántara Almanzar. *Ob. cit.*, p. 328.

país del "serrucho", como diría el protagonista de esta novela, la creatividad literaria no es simplemente aserrín, a pesar de la lentitud y el marasmo ya tradicionales. A la zaga del "boom" y del "postboom", la narrativa dominicana pelea heroica, aunque espasmódicamente, por su propio espacio.

Veamos el caso boricua. La mayor rapidez del proceso urbanizador puertorriqueño y la relativa flexibilidad de una censura, mucho más recatada que la adelantada por Trujillo en República Dominicana, por ejemplo, incidió en una formación discursiva, en las décadas del cuarenta y cincuenta, de fuerte tinte anticolonial, impregnada de las transformaciones de la literatura norteamericana y europea y con una incipiente conciencia de la problemática urbana.[28] Esta asimilación de propuestas foráneas demuestra, por otra parte, que la narrativa boricua ha estado sincrónicamente conectada a la hispanoamericana en cuanto a ritmos evolutivos, a pesar de que no aportó para el momento figuras de trascendencia y difusión internacional al estilo de Juan Rulfo o Alejo Carpentier. La narrativa actual cuenta, pues, con una tradición anterior que proveyó elementos significativos al desarrollo de una narrativa original, aunque para su momento no contaba con la solidez de otras producciones del continente. El mejor ejemplo de este proceso fue René Marqués, autor de indiscutible influencia en la narrativa de la isla. En su cuentística se evidencia la captación de formas estructurales en cuanto a lenguaje y composición cuya procedencia es ubicable en la literatura inglesa —fluir de la conciencia, ruptura de la linealidad narrativa con la consiguiente superposición de planos temporales—; y francesa: introspección psicológica de fuerte tinte existencialista. Autor muy destacado durante los cincuenta y sesenta —década ésta en que empiezan a gestarse cambios importantes—, fue ampliamente discutido y cuestionado por las generaciones más recientes, tanto en el plano ideológico como en el de sus propuestas a nivel de lenguaje. Sin embargo, su influencia fue fecundante y las nuevas promociones lo devoraron y digirieron brillantemente, cuando el discreto proceso literario interno se convirtió en un desborde de largo aliento. Esta situación, creemos, ejemplifica las relaciones de los narradores recientes con un pasado que,

---

28 José Beauchamp. *Ob. cit.,* pp. 76-77.

sin ser el de una literatura como la mexicana, por ejemplo, explica de algún modo que la brillantez actual no salió de la nada, y nos guía al momento de entender que cuando la onda expansiva del "boom" llega a Puerto Rico no consigue, simplemente, un grupo sorprendido de escritores sino también un campo de cultivo ya horadado y dispuesto para audacias y novedades. Ciertamente, tampoco en los sesenta Puerto Rico lanzó una vedette al mundo literario, pero se contaba con propuestas de mayor envergadura que las que poseían, como veremos después, países como la vecina República Dominicana. Cuentos como los publicados, entre otros autores, por Luis Rafael Sánchez en el volumen *En cuerpo de camisa* (1966), participan de una apertura en cuanto a estrategias discursivas que prefigura la eclosión posterior. La homosexualidad, la droga, el lenguaje de la calle, el brillo sórdido del lumpen irrumpen en una literatura que, como dice el mismo Sánchez,[29] se conformaba con la buena factura y el esmerado cultivo del español, dentro de los parámetros de la vagamente llamada "lengua culta". Pero estas fracturas es necesario contextualizarlas, pues se produjeron en medio y por una conjunción de factores de diversa raíz.

Durante los años sesenta la literatura puertorriqueña comienza a sufrir rupturas producto del agotamiento del sistema literario anterior, el contacto con la literatura hispanoamericana, el sentimiento caribeño, la Revolución Cubana, y el influjo del feminismo y los movimientos juveniles de la época.[30] Ese sentimiento caribeño ha propiciado, ya en décadas posteriores, obras como *Encancaranublado y otros cuentos del naufragio,* de Ana Lydia Vega, que presenta escenarios, problemáticas y propuestas culturales que incluyen al Caribe inglés, hispano y francés, y que se inserta en el espacio abierto a la unidad caribeña que instaura la Revolución Cubana. El feminismo ha tenido como correlato la fuerte presencia de narradoras como Carmen Lugo Filippi, con *Vírgenes y mártires,* libro de cuentos escritos en colaboración con Ana Lydia Vega, en que la cotidianidad femenina de la peluquería y las revistas asume formas narrati-

---

29 Luis Rafael Sánchez. "Literatura y compromiso en el Caribe", en ECO, Bogotá, Nº 257, Tomo XLII/S, marzo 1983, p. 481.

30 Efraín Barradas. "La necesaria innovación de Ana Lydia Vega: preámbulo para lectores vírgenes", en *Revista Iberoamericana,* Pittsburgh, Nº 131-132, vol. LIX, julio-diciembre 1985, p. 548.

vas del folletín y permite una asunción de un espacio hispanoamericano, poco común en una literatura obsesivamente anclada en la problemática nacional.

En cuanto a los contactos con la literatura continental, encontramos que más que con el "boom", que sin duda deslumbró a las generaciones jóvenes, la literatura puertorriqueña de los sesenta para acá se identifica, crea y propone ella misma una nueva praxis literaria más ligada a lo que, con la vaguedad proverbial de la sorpresa crítica, se ha llamado la literatura del "postboom". Veamos esta cita de Beauchamp:

> Esta última década (1970-1980) es también la del retorno a la identidad de forma con la novela hispanoamericana e igual que ésta animada por una búsqueda renovadora de la forma y en sentido total de un nuevo lenguaje: ruptura violenta de la sintaxis narrativa del relato, sin posibilidades de recuperar la línea progresiva o libre de la narración de determinados sucesos o, por el contrario, una recuperación también de modo violento; nihilismo de espíritu y de forma; incorporación de elementos contingentes y de la cultura de masa en la estructura novelesca [...] desafío de las normas lingüísticas impuestas autoritariamente por las clases dominantes a través de los aparatos ideológicos del Estado (la escolarización); lenguaje (palabra) coprolálico; en fin, plena transculturación de formas literarias y de la comunicación de masas incorporadas en un sistema fragmentado.[31]

Sin duda, las grandes audacias técnicas del "boom" han abierto un camino, pero la propia tradición y el asumir los cambios propios del advenimiento definitivo del orden urbano y de la cultura de masas, así como el volver la mirada a Hispanoamérica y, sobre todo, al Caribe, en busca de identidades y confluencias en el presente, soslayando definitivamente las ensoñaciones hispanófilas, han sido aspectos medulares al momento de percibir la fuerza y violencia actual del lenguaje de la calle frente a la corrección elitista. El sexo, la droga, la música, son parte de una realidad urbana, aún tímida en los años cincuenta, que recibió además el impacto de los movimientos juveniles del sesenta, los cuales pugnaron por una nueva percepción de esos elementos. Los medios de comunicación de masas abrieron una nueva correlación que inclinó la

---

31 José Beauchamp. *Ob. cit.,* p. 77.

balanza por el cómo —la capacidad comunicativa— en detrimento del qué —lo comunicable—, lo cual inspiró exploraciones en torno a las posibles vetas literarias que podrían tener esos medios. Así mismo, se abre el paso al folletín y la novela policíaca como estructuras que se parodian para cuestionarlas o, simplemente para apostar por sus posibilidades de recepción en el público, como es el caso de *Pasión de historia y otras historias de pasión,* de Ana Lydia Vega. La música es contemplada como narcótico en *La guaracha de macho Camacho,* o como espacio simultáneo de encuentro y de alienación en *La importancia de llamarse Daniel Santos.* Finalmente, la praxis literaria se apropia de otros discursos, los subvierte y los cuestiona. Se deconstruyen, por ejemplo, elementos provenientes de la teoría literaria, labor planteada en la fabulación de Sánchez sobre Santos con respecto al problema de los géneros. Se intenta sustituir a la historia, como ya dijimos en páginas anteriores, o relativizar su discurso y sus pretensiones de verdad.

Todas estas innovaciones, quiebres y subversiones muestran el alcance de las actuales propuestas puertorriqueñas del "postboom" y sus posibilidades de convertirse incluso en uno de los punteros de la literatura del continente, y, además, muestran el vigor de una praxis crítica y estética que ha cumplido, dentro de las limitaciones propias de la difusión y recepción literarias en esta época, un papel de resistencia cultural frente a las potentes fuerzas de disolución externas e internas, que intentan absorber lo propio que está en el aire.

Para concluir, pensamos que la cercanía entre Puerto Rico y República Dominicana, no sólo geográfica sino también en otros aspectos, paradójicamente los ha distanciado. El permanecer sometidos a la hegemonía permanente de Estados Unidos no les ha permitido un contacto mayor desde el punto de vista literario y cultural. Los puntos en común observados en nuestro análisis patentizan las influencias externas y no la presencia de intercambios o de influencias mutuas. Ambas literaturas han mantenido tímidas relaciones con los grandes centros culturales hispanos de los que fueron periferia durante mucho tiempo.[32] Si bien la extraordinaria producción puertorriqueña del momento se impone lentamente, la dominicana continúa a la sombra, toda-

---

32 Margarita Fernández Olmos. *Ob. cit.,* p. 78.

vía insegura de sus pasos. Al momento de mirar hacia lo hispano puertorriqueños y dominicanos olvidaron su cercanía, por condiciones internas que justifican tal situación, salvo en muy escasos momentos (Bosch descubre a José Luis González, por ejemplo). En consecuencia, afirmar la existencia de una literatura del Caribe o, más modestamente, de un sistema literario común entre República Dominicana y Puerto Rico (Cuba es un caso tan distinto que con menos razón podría adscribirse a un sistema literario del Caribe hispánico) olvida que, para la constitución de tal entidad, es indispensable una red de interrelaciones nacidas del desarrollo interno de los subsistemas en juego. No son suficientes, por ende, las relaciones establecidas a partir de las influencias provenientes de los centros externos de radiación cultural. Este factor acercaría estas literaturas al ámbito hispano o latinoamericano, al que se integrarían como subsistemas particulares integrados a un sistema mayor. Lo básico aquí es el entendimiento de que para futuros estudios de la literatura caribeña, la comprensión de las particularidades locales es paso previo a toda sistematización, si se quiere practicar un ejercicio crítico y no construir una abstracción propia de ciertas ensoñaciones políticas. El juego de las relaciones y el ejercicio analógico —por ejemplo, todas las islas son colonias, todas tienen aspectos comunes— es legítimo y estimulante, siempre y cuando se imponga una actitud imaginativa y reflexiva, capaz de enfrentar el molesto filo de la diferencia en lugar de cubrirlo con el mantel de la mesa.

# BIBLIOGRAFIA

## 1. TEORIA LITERARIA, ANALISIS DEL DISCURSO, PROBLEMAS DE LA CRITICA EN AMERICA LATINA, POSTMODERNIDAD, CULTURA POPULAR Y DE MASAS

"Algunas preguntas y respuestas" (entrevista a Jacques Derrida), en Nigel Fabb, Derek Attridge, Alan Durant y Colin MacCabe (comp.). *La lingüística de la escritura.* Debates entre lengua y literatura. Madrid. Visor, Lingüística y conocimiento, 1989, pp. 259-269.

"El laberinto de los inmateriales" (entrevista a J. F. Lyotard), en *Quimera,* Nº 46-47, pp. 23-29.

Anderson, Perry. "Modernidad y revolución", en Nicolás Casullo (comp. y pról.). *El debate modernidad-postmodernidad.* Buenos Aires. Punto Sur, 1989.

Avellaneda, Andrés. "Marcas ochentistas en la historiografía latinoamericana: un repaso de la cuestión", en *Revista de Crítica Literaria Latinoamericana,* Lima, Nº 33, año XVII, 1er. semestre de 1991, pp. 69-77.

Bajtin, Mijail. *La cultura popular en la edad media y el renacimiento.* El contexto de Francois Rabelais. Barcelona, Seix Barral, Breve Biblioteca de Reforma, 1974.

Barth, John. "Literatura postmoderna", en *Quimera,* Nº 46-47, pp. 15-21.

Barthes, Roland y otros. *Análisis estructural del relato.* Barcelona, Ediciones Buenos Aires, Serie Comunicaciones, 1982.

Bourneue, Roland y Real Ovallat. *La novela.* Barcelona, Ariel, 1975.

Booth, Wayne. *Retórica de la ironía.* Madrid, Taurus, Serie Teoría y Crítica Literaria, 1986.

Brunner, José Joaquín. "Entonces, ¿existe o no la modernidad en América Latina?", en Fernando Calderón (comp.). *Imágenes desconocidas.* La modernidad en la encrucijada postmoderna, México, CLACSO (Consejo Latinoamericano de Ciencias Sociales), 1988, pp. 95-99.

Casullo, Nicolás. "Modernidad, biografía del ensueño y de la crisis", en Nicolás Casullo (comp. y pról.). *El debate modernidad-postmodernidad.* Buenos Aires, Punto Sur, 1989.

Crespi, Franco. "Modernidad: la ética de una edad sin certezas", en Nicolás Casullo (comp. y pról.). *El debate modernidad-postmodernidad.* Buenos Aires, Punto Sur, 1989.

Cross, Edmond. *Literatura, ideología y sociedad.* Madrid, Gredos, 1985.
Dessau, Albert. "La investigación de la literatura latinoamericana y los métodos comparativos", en *Casa de las Américas,* La Habana, Nº 82, año XIX, 1974, pp. 113-118.
Ducrot, Oswall y Tzvetan Todorov. *Diccionario enciclopédico de las ciencias del lenguaje.* México, Siglo XXI, 1980.
Durysin, Dionys. "Bosquejo de los puntos de partida fundamentales del estudio comparativo de la literatura", en *Casa de las Américas,* La Habana, Nº 135, año XXIII, noviembre-diciembre 1982, pp. 30-39.
Foucault, Michel. *La arqueología del saber.* México, Siglo XXI, 1970.
———. *El orden del discurso.* Barcelona, Tusquets.
García Canclini, Néstor. *Las culturas populares en el capitalismo.* México, Nueva Imagen, 1985.
———. "Crisis teórica en la investigación de la cultura popular", en *Hómines,* Nos. 1 y 2, Vol. XII, 1988-89, pp. 39-55.
García Canclini, Néstor. "Gramsci con Bordieu. Hegemonía, consumo y nuevas formas de organización popular", en *Nueva Sociedad,* Caracas, Nº 71, marzo-abril 1984, pp. 69-77, 1989.
———. "El debate postmoderno en Iberoamérica", en *Cuadernos Hispanoamericanos,* Madrid, Nº 463, enero 1989, pp. 79-92.
Genette, Gerard. *Palimsestos.* La literatura en segundo grado. Madrid, Taurus, Serie de teoría y crítica literaria, 1989.
Hopenhayn, Martín. "El debate postmoderno y la dimensión cultural del desarrollo", en Fernando Calderón (comp.). *Imágenes desconocidas.* La modernidad en la encrucijada postmoderna. México, CLACSO (Consejo Latinoamericano de Ciencias Sociales), 1988, pp. 61-68.
Huyssen, Andreas. "Guía del postmodernismo", en Nicolás Casullo (comp. y pról.). *El debate modernidad-postmodernidad.* Buenos Aires, Punto Sur, 1989, p. 314.
Jara, René y Fernando Moreno. *Anatomía de la novela.* Valparaíso. Ediciones Universitarias de Valparaíso, 1972.
Jitrik, Noé. "De la historia a la escritura. Predominios, disimetrías, acuerdos en la novela histórica latinoamericana", en Daniel Balderston (comp.). *The historical novel in Latin America.* A symposium. Gaithersburg, Ediciones Hispamérica, 1986.
Kristeva, Julia. *Semiótica 1.* Madrid, Editorial Espiral/Ensayo, 1978.
Leal, Néstor. "La canción romántica del Caribe (1930-1960)", en *Cultura Universitaria,* Caracas, Departamento de la Dirección de Cultura de la Universidad Central de Venezuela, Nº 109, 1988, pp. 7-13.
Ludmer, Josefina. "Oralidad y escritura en el género gauchesco como núcleo del nacionalismo", en *Revista de Crítica Literaria Latinoamericana,* Lima, Nº 33, Año XVII, 1er. semestre de 1991, pp. 29-33.
Melucci, Alberto. "Los movimientos sociales y la democratización de la vida cotidiana", en Fernando Calderón (comp.). *Imágenes*

*desconocidas.* La modernidad en la encrucijada postmoderna. México, CLACSO (Consejo Latinoamericano de Ciencias Sociales), 1983, pp. 197-204.

Mignolo, Walter. "El metatexto historiográfico y la historiografía indiana", en *Modern Languages Notes.* Usa, Hispanic Issue, Johns Hopkins University Press, Vol. 86, 1981, pp. 358-402.

Pizarro, Ana. "Sobre las direcciones del comparatismo en América Latina", en *Casa de las Américas,* La Habana, Nº 135, año XXIII, noviembre-diciembre 1982, pp. 40-49.

Quijano, Aníbal. "Modernidad, identidad y utopía en América Latina", en Fernando Calderón (comp.). *Imágenes desconocidas.* La modernidad en la encrucijada postmoderna. México, CLACSO (Consejo Latinoamericano de Ciencias Sociales), 1988, pp. 17-24.

Ramírez, Juan Antonio. *Medios de masa e historia del arte.* Madrid, Cátedra, Cuadernos de Arte, 1976.

Rincón, Carlos. "Sobre la transformación del campo, de la crítica y la didáctica: la llamada subliteratura", en *El cambio actual de la noción de literatura y otros estudios de teoría y crítica latinoamericana.* Bogotá, Instituto Colombiano de Cultura, Biblioteca Colombiana de Cultura, 1978, pp. 163-193.

————. "Modernidad periférica y el desafío de lo postmoderno: perspectivas del arte narrativo latinoamericano", en *Revista de Crítica Literaria Latinoamericana.* Lima, Nº 29, año XV, 1er. semestre de 1989, pp. 61-104.

Sarlo, Beatriz. *El imperio de los sentimientos.* Buenos Aires, Catálogos Editora, 1985

Schmeling, Manfred. *Teoría y praxis de la literatura comparada.* Caracas, Editorial Alfa, 1984.

Solotorevsky, Myrna. *Literatura y paraliteratura.* Gaithersburgh, Ediciones Hispamérica, 1988.

Souza, Raymond D. *La historia en la novela hispanoamericana moderna,* Bogotá, Tercer Mundo, 1988.

Tacca, Oscar. *Las voces de la novela.* Madrid, Gredos, 1978.

Van Dijk, Teun A. *Estructuras y funciones del discurso.* México, Siglo XXI, 1989.

Yúdice, George. "¿Puede hablarse de postmodernidad en Amrica Latina?", en *Revista de Crítica Literaria Latinoamericana,* Lima, Nº 29, año XV, 1er. semestre de 1989, pp. 104- 128.

## 2. OBRAS ANALIZADAS

Vega, Ana Lydia. "Sobre tumbas y héroes", en *Pasión de historia y otras historias de pasión.* Buenos Aires, Ediciones de la Flor, 1987.

Castillo, Efraim. *Curriculum (el síndrome de la visa).* Santo Domingo, Editora Taller, 1982.

Sánchez, Luis Rafael. *La importancia de llamarse Daniel Santos.* Hannover. Ediciones del Norte, 1988.
Verges, Pedro. *Sólo cenizas hallarás (bolero).* Santo Domingo, Editora Taller, 1984.

## 3. ESTUDIOS CRITICOS, ENTREVISTAS, RESEÑAS SOBRE LOS AUTORES ESTUDIADOS

Barradas, Efraim. "La necesaria innovación de Ana Lydia Vega: preámbulo para lectores vírgenes", en *Revista Iberoamericana,* Pittsburgh, Nº 131-132, Vol. LI, julio-diceimbre 1985, pp. 547-556.
Cruz Malavet, Arnaldo. "La historia y el bolero en 'Sólo cenizas hallarás (bolero)' ", en *Revista Iberoamericana,* Pittsburgh, Nº 142, Vol. LIX, enero-marzo 1988, pp. 63-72.
Fernández Olmos, Margarita. "La narrativa dominicana contemporánea en busca de una salida", en *Revista Iberoamericana,* Pittsburgh, Nº 142, vol. LIX, enero-marzo 1988, pp. 73-98.
Larsen, Neil. "¿Cómo narrar el trujillato?", en *Revista Iberoamericana,* Pittsburgh, Nº 142, vol. LIX, enero-marzo 1988, pp. 89-98.
Ortega, Julio. "Teoría y práctica del discurso popular (Luis Rafael Sánchez y la nueva escritura puertorriqueña)", en *Reapropiaciones.* Cultura y nueva escritura en Puerto Rico, Río Piedras, Editorial de la Universidad de Puerto Rico, 1991.
———. "Luis Rafael Sánchez: el gozo redentor" (entrevista), en *Reapropiaciones.* Cultura y nueva escritura en Puerto Rico, Río Piedras, Editorial de la Universidad de Puerto Rico, 1991.

## 4. ESTUDIOS CRITICOS SOBRE LITERATURA DOMINICANA

Alcántara Almanzar, José. "Sobre literatura dominicana. 1965-1985", en *Hómines,* San Juan, Nº 2, Vol. 13; Nº 1, Vol. 14, 1989-90, pp. 325-332.
Cruz Malavet, Arnaldo. "La historia y el bolero en 'Sólo cenizas hallarás (bolero)' ", en *Revista Iberoamericana,* Pittsburgh, Nº 142, vol. LIX, enero-marzo 1988, pp. 63-72.
Barradas, Efraim. "La seducción de las máscaras: José Alcántara Almanzar, Juan Bosch y la joven narrativa dominicana", en *Revista Iberoamericana,* Pittsburgh, Nº 142, Vol. LIX, enero-marzo 1988, pp. 11-25.
Fernández Olmos, Margarita. "La narrativa dominicana contemporánea en busca de una salida", en *Revista Iberoamericana,* Pittsburgh, Nº 142, Vol. LIX, enero-marzo 1988, pp. 73-98.

Keefe Ugalde, Sharon. "Veloz Maggiolo y la narrativa del dictador/dictadura", en *Revista Iberoamericana,* Pittsburgh, N° 142, Vol. LIX, enero-marzo 1988, pp. 129-150.
Larsen, Neil. "¿Cómo narrar el trujillato?", en *Revista Iberoamericana.* Pittsburgh, N° 142, Vol. LIX, enero-marzo 1988, pp. 89-98.
Peix, Pedro (comp. y pról.). *La narrativa yugulada.* Santo Domingo, Alfa y Omega, 1981, pp. 5-32.
Phaf, Ineke. "Perspectiva caribeña y percepción nacional en la literatura urbana del Caribe hispanohablante: Cuba, Puerto Rico, República Dominicana", en *Hómines,* N° 1, Tomo 6, Vol. 13, febrero-julio 1989, pp. 59-70.

## 5. ESTUDIOS CRITICOS SOBRE LITERATURA PUERTORRIQUEÑA

Beauchamp, José J. "La novela puertorriqueña: una estructura de resistencia, ruptura y recuperación", en *Casa de las Américas,* La Habana, N° 124, Año XXXII, enero-febrero 1981, pp. 67-82.
González, José Luis. *Literatura y sociedad en Puerto Rico.* De los cronistas de Indias a la Generación del 98. México, Fondo de Cultura Económica, Tierra Firme, 1976.
Meléndez, Concha. *El arte del cuento en Puerto Rico.* N. Y. Las Américas Publishing Co., 1961.
Méndez, José Luis. *Para una sociología de la literatura puertorriqueña.* La Habana, Cuadernos Casa, N° 26, 1982.
Morales Padrón, Francisco. *América en sus novelas.* Madrid, Ediciones Cultura Hispánica del Instituto de Cooperación Iberoamericana, 1983.
Ortega, Julio. *Reapropiaciones.* Cultura y nueva escritura en Puerto Rico, Río Piedras, Editorial de la Universidad de Puerto Rico, 1991.
Phaf, Ineke. "Perspectiva caribeña y percepción nacional en la literatura urbana del Caribe hispanohablante: Cuba, Puerto Rico, República Dominicana", en *Hómines,* N° 1, Tomo 6, Vol. 13, febrero-julio 1989, pp. 59-60.
Sánchez, Luis Rafael. "Literatura y compromiso en el Caribe", en *ECO,* Bogotá, N° 257, Tomo XLII/5, marzo 1983, pp. 479-482.

## 6. ESTUDIOS CRITICOS SOBRE "NARRRATIVA DE LOS OCHENTA"


Conteris, Hiber. "Formas heterogéneas en la nueva narrativa hispanoamericana", en *Texto Crítico,* Veracruz, Nº 39, Año XIV, julio-diciembre 1988, pp. 12-25.

Daus, Ronald. "La literatura novísima de América Latina", en *ECO,* Bogotá, Nº 267, Tomo XLIV/3, enero 1984, pp. 305-320.

Klahn, Norma. "Un nuevo verismo: apuntes sobre la última novela mexicana", en *Revista Iberoamericana,* Pittsburgh, Nº 148-148, Vol. LV, julio-diciembre 1989, pp. 925-935.

Merrell, Floyd. "La cifra laberíntica: más allá del 'boom' en México", en *Revista Iberoamericana,* Pittsburgh, Nº 150, Vol. LVI, enero-marzo 1990, pp. 49-61.

Ortega, Julio. "La literatura latinoamericana en la década del ochenta", en *Revista Iberoamericana,* Pittsburgh, Nº 110-111, Vol. XLV, enero-junio 1980, pp. 161-165.

Prieto, Adolfo. "Los años sesenta", en *Revista Iberoamericana,* Pittsburgh, Nº 125, Vol. XLIX, octubre-diciembre 1988, pp. 889-901.

Rama, Angel. "Los contestatarios del poder", en Angel Rama. *La novela latinoamericana 1920-1980.* Bogotá, Instituto Colombiano de Cultura, PROCULTURA, S. A., 1982, pp. 455-494.

Skármeta, Antonio. "Perspectiva de los 'novísimos' ", en *Hispamérica,* Gaithersburgh, Nº 28, Año X, abril 1981, pp. 49-64.

Sosnowski, Saúl. "La dispersión de las palabras: novelas y novelistas argentinos en la década del setenta", en *Revista Iberoamericana,* Pittsburgh, Nº 125, octubre-diciembre 1988, pp. 955-963.


## 7. ESTUDIOS SOBRE PUERTO RICO EN GENERAL (CULTURA Y SOCIEDAD)


Campos, Ricardo y Juan Flores. "Migración y cultura nacional", en *Puerto Rico: identidad nacional y clases sociales.* Río Piedras, Editorial Huracán, 1981.

Castor, Susy. *Puerto Rico: una crisis histórica.* México, Editorial Nuestro Tiempo, 1979.

De Granda, Germán. *Transculturación e interferencia lingüística en el Puerto Rico contemporáneo. (1898-1968).* Río Piedras, Editorial Edil, inc., 1980.

González, José Luis. *El país de cuatro pisos.* Río Piedras, Ediciones Huracán, 1982.

———. *Una nueva visita al país de cuatro pisos.* Madrid, Colección del Flamboyán, 1987.

Halperlin Dongui, Tulio. *Historia Contemporánea de América Latina.* Madrid, Alianza Editorial, El Libro de Bolsillo, 1975.

Lewis, Gordon K. Puerto Rico: *Colonialismo y Revolución*. México, Ediciones Era, 1977.
Maldonado Denis, Manuel. *Puerto Rico: una interpretación histórico-social.* México, Siglo XXI, 1974.
Maldonado-Denis, Manuel. "El imperialismo y la dependencia. El caso de Puerto Rico", en Pablo González Casanova (coord.). *América Latina. Historia de Medio Siglo 2- México, Centroamérica y el Caribe.* México, Instituto de Investigaciones de la UNAM, Siglo XXI, 1987, pp. 450-466.
Ortega, Julio. "Conversaciones en San Juan", en *Reapropiaciones.* Cultura y nueva escritura en Puerto Rico. Río Piedras, Editorial de la Universidad de Puerto Rico, 1991.
Quintero Rivera, Angel. *Conflicto de clase y política en Puerto Rico.* Río Piedras, Ediciones Huracán, 1977.
——— y otros. *Puerto Rico: identidad nacional y clases sociales.* Río Piedras, Ediciones Huracán, 1981.
Quiñones, José Marcial. *Un poco de historia colonial* (Incluye de 1850-1890) (sic). San Juan, Publicación de la Academia Puertorriqueña de la Historia y el Instituto de Cultura Puertorriqueña, 1978.

## 8. ESTUDIOS SOBRE REPUBLICA DOMINICANA EN GENERAL (CULTURA Y SOCIEDAD)

Bosch, Juan. *Composición social dominicana.* Santo Domingo, Publicaciones Ahora, 1970.
Cassa, Roberto, Israel Cuello, Rubén Silié. "Cincuenta años de historia dominicana. Penetración imperialista e intervención militar", en *América Latina, Historia de medio siglo.-2.* México, Centroamérica y el Caribe. México, Instituto de Investigaciones de la UNAM, Siglo XXI, 1987, pp. 467-498.
Cassa, Roberto y Otto Fernández. "Cultura y política en República Dominicana: la formación de la identidad histórica", en Hugo Zemelman (coord.). *Cultura y política en América Latina.* México, Siglo XXI, Editorial de la Universidad de las Naciones Unidas, 1990, pp. 228-255.
Cortén, Andrés y otros. *Azúcar y política en la República Dominicana.* Santo Domingo, Ediciones de Taller, Biblioteca Taller 71, 1981.
De Galíndez, J. *La era de Trujillo.* Buenos Aires, Editorial Americana, 1962.
Espaillat, A. *Trujillo: Anatomía de un dictador.* Barcelona, Ediciones de Cultura Popular, S. A., 1967.
Halperin Donghi, Tulio. *Historia Contemporánea de América Latina.* Madrid, Alianza Editorial. El Libro de Bolsillo, 1975.

## 9. SISTEMAS LITERARIOS Y CULTURAS NACIONALES Y REGIONALES

Achugar, Hugo. "Literatura/literaturas y la nueva producción literaria latinoamericana", en *Revista de Crítica Literaria Latinoamericana.* Lima, Nº 29, 1er. semestre de 1989, pp. 153-165.

Bader, Wolfgang. "A colonização e a descolonização da literatura o exemplo do Caribe (francés)", en *Letras de Hoje,* junio 1986, pp. 96-123.

Bansart, Andrés. "Problemas inherentes al estudio de la(s) literatura(s) del Caribe", en *Estudios del Caribe en Venezuela.* Caracas, CDCH, Fondo Editorial Acta Científica Venezolana, 1980, pp. 51-59.

Cornejo Polar, Antonio. "Los sistemas literarios como categorías históricas", en *Revista de Crítica Literaria Latinoamericana.* Lima, Nº 29, Año XV, 1er. semestre de 1989, pp. 19-34.

Mignolo, Walter. "Teorizar a través de fronteras culturales", en *Revista de Crítica Literaria Latinoamericana.* Lima, Nº 33, Año XVII, 1er. semestre de 1991, pp. 103-110.

Rama, Angel. *Transculturación narrativa en América Latina.* México, Siglo XXI, 1982.

# INDICE

COLECCION ZONA TORRIDA

Volúmenes publicados:

1. Rafael Angel Insausti: *Obras.* Vol. 1. Prólogo de Eugenio Montejo.
2. Rafael Angel Insausti: *Obras. Textos inéditos.* Vol. 2.
3. Vicente Gerbasi: *La rama del relámpago.* Prólogo de Oscar Sambrano Urdaneta.
4. Varios: *Estudios sobre la fonología del español del Caribe.* Compilación de Rafael A. Núñez Cedeño, Iraset Páez Urdaneta y Jorge M. Guitart.
5. Pedro Sotillo: *Obra literaria.* Prólogo de Fernando Paz Castillo.
6. Varios: *El ensayo literario en Venezuela. Siglo XX (Antología).* Tomo I. Compilación, prólogo y notas de Gabriel Jiménez Emán.
7. Varios: *El ensayo literario en Venezuela. Siglo XX (Antología).* Tomo II. Compilación, prólogo y notas de Gabriel Jiménez Emán.
8. Luis Bruzual: *Significación de la revista* Contrapunto *(1948-1950).* Preliminar de Oscar Sambrano Urdaneta. Prólogo de José Ramón Medina.
9. Manuel Díaz Rodríguez: *Desde el silencio.* Preliminar de Amado Nervo. Compilación y notas de Rafael Angel Insausti. Cronología de María Beatriz Medina. Bibliografía de Horacio Jorge Becco.
10. Víctor Bravo: *Magias y maravillas en el continente literario: para un deslinde del realismo mágico y lo real maravilloso.*
11. Rafael Angel Rivas Dugarte: *Fuentes documentales para el estudio de Andrés Eloy Blanco (1897-1955).*
12. Laura Febres: *Pedro Henríquez Ureña. Crítico de América.*
13. Salvador Tenreiro: *El poema plural. Notas sobre poesía contemporánea.*
14. Douglas Bohórquez Rincón: *Escritura, memoria y utopía en Enrique Bernardo Núñez.*
15. Pascual Venegas Filardo: *53 nombres de poetas venezolanos.*
16. Varios: *El ensayo literario en Venezuela. Siglo XX (Antología).* Tomo III. Compilación, prólogo y notas de Gabriel Jiménez Emán.

17. Varios: *El ensayo literario en Venezuela. Siglo XX* (*Antología*). Tomo IV. Compilación, prólogo y notas de Gabriel Jiménez Emán.

18. Varios: *El ensayo literario en Venezuela. Siglo XX.* (*Antología*). Tomo V. Compilación, prólogo y notas de Gabriel Jiménez Emán.

19. Varios: *El ensayo literario en Venezuela. Siglo XX.* (*Antología*). Tomo VI.

20. José Ramón Medina: *Acercamientos y reencuentros.*

21. Fernando Paz Castillo: *Obras Completas.* Tomo I.

22. Fernando Paz Castillo: *Obras Completas.* Tomo II.

23. Fernando Paz Castillo: *Obras Completas.* Tomo III.

24-31. Fernando Paz Castillo: *Obras completas.* Tomos IV-XI. (En preparación).

32. Guillermo Meneses: *Obras Completas.* Tomo I.

33-39. Guillermo Meneses: *Obras Completas.* Tomos II-VIII (En preparación).

40. Luis Ugalde, S. J.: *El pensamiento teológico-político de Juan Germán Roscio.*

41. Javier Lasarte Valcárcel: *Sobre literatura venezolana.*

42. Luisa Isabel Rodríguez Bello: *Procesos retóricos y literarios en cuentos escritos por niños.*

43. Carlos Pacheco: *La comarca oral.*

44. Paulette Silva Beauregard: *Una vasta morada de enmascarados: poesía, cultura y modernización en Venezuela a finales del siglo XIX.*

45. Gisela Kozak Rovero: *Rebelión en el Caribe hispánico: urbes e historias más allá del boom y la postmodernidad.*

Este libro se terminó de imprimir en Caracas, Venezuela, en los Talleres de Anauco Ediciones, C. A., durante el mes de septiembre de mil novecientos noventa y tres